Gartenteiche
Das Praxisbuch

BÄRBEL GROTHE

blv

Was Sie in diesem Buch finden

Gestaltung 6

Eine Flut von Möglichkeiten: Teiche 8
- Der natürlich gestaltete Teich 8
- Das formal gestaltete Wasserbecken 10
- Übergangsformen 12
- Sumpfbeete............................ 12

Wasser klangvoll in Bewegung:
fröhliches Bachgeflüster 14
- Der natürlich gestaltete Bach 14
- Wasserfälle 17
- Wasserrinnen und Kanäle................. 18

Nur ein paar Tropfen:
Spielereien von Brunnen bis Trog 20
- Vogeltränken 20
- Mini-Wassergärten in Kübel und Topf 21
- Brunnen und Wasserspiele................. 22

Kinder, Kinder:
der etwas andere Wassergarten 24
- Wassergärten für Kinder 24
- Achtung: Nichtschwimmer! 25

Planung und Anlage 26

Die Suche nach der
individuellen Lösung 28
- Persönliche Entscheidungskriterien 28
- Die Planungskriterien 29

Dichtmaterialien 34

Die Anlage eines Folienteichs 38
- Das Abstecken und Ausheben der Teichgrube.. 38
- Das Einmessen der Höhen 40
- Untergrund und Verlegen der Folie 43
- Kapillarsperre und Randausbildung 45
- Der Überlauf 46
- Einfüllen des Wassers 47

Der Einbau eines Fertigbeckens 48
- Das Anzeichnen und Ausheben
  der Teichgrube........................ 48
- Das Einsetzen des Beckens 49

Der Stoff, aus dem die Träume sind:
das Wasser 50
- Welches Wasser soll es denn sein? 50

Die Anlage von Bachläufen 52
- Vorüberlegungen........................ 52
- Materialien............................ 55
- Ein Bach aus Fertigschalen 56
- Ein schlichter Folienbach.................. 57
- Ein Fließgewässer aus Folie 57
- Der Aufbau eines Wasserfalls............... 61

Die Technik 62

Wasser und Strom 64

Pumpen, die etwas bewegen 65
   Pumpenarten. 65
   Die Leistung. 66
Betriebsame Wasserspiele. 68
   Aufbau 68
Bitte, das Licht an! .70
   Das Beleuchtungskonzept. 70
   Leuchtkörper und Zubehör 71
Klarheit dank Filter .72
   Die Reinigungsstufen 72

Pflanzen und Tiere. 76

Das reiche Pflanzenreich 78
   Wasserpflanzen leben anders 78
   Die Tiefe entscheidet:
   Lebensbereiche im Teich 80
   Eine Auswahl der schönsten Teichpflanzen. 85
Königin des Wassers: die Seerose. 88
   Wundervolle Blüten. 88
   Standortbedingungen, Auswahl und
   Pflanzqualität 89
Wasserpflanzen für Töpfe und Kübel. 92
   Pflanzung und Pflege 92
Gestalten mit Wasser- und Uferpflanzen . .94
   Aufbau einer Wasser- und Uferpflanzung 94
   Der Pflanzplan 97
Die Pflanzung 100
   Das geeignete Substrat. 100
   Die Pflanzzeit. 100
   Bezugsquellen und Pflanzenqualität 101
   Das Einpflanzen. 103

Es ist tierisch was los!. 106
   Die magische Anziehungskraft des Wassers . . .106
   Eine gastfreundliche
   Teich- und Ufergestaltung. 107
   Teichbewohner, die man kaufen kann 108
   Schön, aber umstritten:
   Fische im Gartenteich 109
   Einige häufige Tiere kurz vorgestellt 110

Pflege rund um das Jahr 112

Die Pflanzenpflege. 114
   Bitte nicht füttern: die Düngung 114
   Nicht zu kurz: Schnitt- und
   Auslichtungsmaßnahmen 115
   Manche mögen's warm: Winterschutz. 116
   Aus eins mach' zwei: die Vermehrung. 117
Pflegearbeiten nach Jahreszeiten 119
   Das Frühjahr. 119
   Der Sommer 120
   Der Herbst 121
   Der Winter 123

Anhang 124

Adressen, die Ihnen weiterhelfen 124
Literatur. 124
Stichwortverzeichnis. 125
Über die Autorin. 127

Gestaltung

Wasser hat viele Ausdrucksmöglichkeiten. Es ist so wunderbar wandelbar, dass kein Projekt dem anderen gleicht. Lassen Sie sich zunächst die ganze Bandbreite der Elemente wie Teich, Bachlauf oder Wasserspiel zeigen. Und trotz aller Vielfalt gibt es doch wiederkehrende Gestaltungsprinzipien, die auf der Suche nach der persönlichen Lösung hilfreich sind. Ach, und fragen Sie mal Ihre Kinder…

Eine Flut von Möglichkeiten: Teiche

Teiche sind Orte der Erholung und Entspannung. So empfinden es die meisten Menschen. Das Charakteristische ist eine mehr oder weniger große von Wasser bedeckte Fläche. Sie strahlt Ruhe aus, der Wasserspiegel reflektiert das Licht und wirft die Umrisse seiner Umgebung sanft gezeichnet zurück. Teiche sind stets eine Einladung zu verweilen und auszuruhen und sicher auch deshalb am häufigsten im heimischen Grün zu finden. In der Gestaltung unterscheidet man der Natur nachempfundene und architektonisch geprägte Anlagen.

Der natürlich gestaltete Teich

Obwohl es sich um ein künstlich angelegtes Gewässer handelt, soll der als natürlich bezeichnete Gartenteich seinem Vorbild in der Landschaft so gut als möglich ähneln. Deshalb kennzeichnen ihn fließende Formen und schwungvolle Uferlinien. Je nach Größe kann man eine Insel oder Bucht vorsehen. Das verlangt aber schon etwas Probieren und Fingerspitzengefühl. Zu viel Bewegung erzeugt ein unruhiges Bild, das gekünstelt wirkt.

Im natürlich gestalteten Gartenteich sind Wasser und Pflanzen Partner. Die offene Wasserfläche nimmt sich zu Gunsten der grünen Bewohner zurück. Im besten Fall ist die Pflanzenwelt sehr vielfältig. Im Teich sind die Gewächse der verschiedenen Tiefenzonen zu finden, im Übergang wachsen Feuchtpflanzen und gehen für das Auge ohne Trennung in das trockene Ufer außerhalb der Abdichtung über. Diese Idealvorstellung ist allerdings mit einem recht ausgedehnten Flächenanspruch verbunden und bei weitem nicht überall umsetzbar. Dann genügt in einem kleineren Garten beispielsweise ein breiterer Uferstreifen mit höher wachsenden Pflanzen im Hintergrund, an das sich der Teich anlehnen kann. Die freie Form bezieht sich aber nicht allein auf fließende Ufer und Übergänge bei der Bepflanzung, sondern auch auf den Gebrauch sonstiger Materialien wie Kies oder Steinen zur Randgestaltung. Als kantiger Kontrast könnten sich Stege oder ins Wasser ragende Sitzplätze mit deutlichen Umrissen abheben. Passende Baustoffe für das Umfeld am Teich: Holz, Naturstein, gerumpelte Pflaster.

Der beste Platz

In der Natur sammelt sich Wasser am tiefsten Punkt. Deshalb mag eine vielleicht vorhandene

> **Info**
>
> Hanglagen haben es in sich. Ist kein ausreichend großer Geländeabsatz da, platziert man das Wasser vorzugsweise am Hangfuß mit der Längsseite parallel zur Böschung. Hanganschnitte höchstens in Maßen vornehmen und das Gelände abstützen. An die Ableitung größerer abfließender Regenmengen denken. Talwärts möglichst keine Aufschüttungen vornehmen, sondern nur in gewachsenem Boden bleiben.

Senke (immer unter Berücksichtigung aller Standortkriterien, siehe Seite 29) der optisch ideale Platz für den Gartenteich sein. Der Wasserspiegel liegt niveaugleich mit der Umgebung, das ist logisch und der Betrachter hat beste Sicht aufs Wasser. Als Hintergrund macht sich etwas ansteigend modelliertes Gelände gut. Natürliche Teiche eignen sich selten als gestalterischer Mittelpunkt freier (Rasen-)Flächen. Sie brauchen einen Bezug zum Umfeld. Dies kann die Uferkulisse, die Anbindung an einen Sitzplatz oder die Terrasse, sogar ein eigens für den Teich verschwiegen angelegtes Plätzchen sein.

Die Größe des Gartenteichs

Für die Teichgröße gibt es keine festgelegten Vorgaben (siehe Seite 31). Je größer und damit differenzierter, desto stabiler ist das biologische Gleichgewicht, was sich auf die Funktionen im Teich und seine Pflege positiv auswirkt. Wie alle Gartenteile muss das Wasser in seinen Ausmaßen mit dem Gesamteindruck harmonieren.

Platz für Pflanzen und Tiere

Naturteich, Feuchtbiotop oder Weiher (der eigentlich natürlich entstanden ist) wird es oft genannt, um damit auszudrücken, dass das Gartengewässer kein reines Zierelement bleiben soll.

Ohne Wasser kein Leben. Der Teich soll als Refugium für Pflanzen und Tiere ideal nutzbar sein, ein bisschen Ersatz für verloren gegangene Natur schaffen. Dazu sind wenigstens in Teilbereichen flach ausgebildete Ufer nötig, um den Tieren Zugang und Ausstieg zu ermöglichen. Verstecke und Überwinterungsplätze in Ufernähe finden sie in dichten Pflanzungen, unter Steinen und Holzhaufen (siehe Seite 107).

In streng naturnah angelegten Teichen, für die enge Maßstäbe bei der ökologischen Gestaltung gesetzt werden, wachsen nach Möglichkeit nur heimische Pflanzen im Wasser und am Ufer. Willkommen sind hier höchstens kleine heimische Schwarmfische, auf technische Hilfen wird von vornherein verzichtet.

Gartenteiche mit Stil

Oft heißt es, die beschriebenen Wassergärten passten am besten in eingewachsene, ländliche Gärten, zu einem alten (Bauern-)Haus und in natürliche Gärten. Daran muss man allerdings nicht festhalten. Auch der Kontrast zu moderner Architektur oder einem geometrischen Garten kann gelingen, wenn die Einbindung des Teiches gefühlvoll erfolgt.

Perfekt! Teich, Sitzplatz und Rundholzpergola ergänzen einander zu einem eigenständigen, kleinen Wassergarten – inklusive malerischem Spiegelbild.

Das formal gestaltete Wasserbecken

Zu aller Schönheit und Üppigkeit frei gestalteter Teiche sind die architektonisch angelegten Wasserbecken ein Kontrast, wie er spannungsreicher nicht sein könnte. Diesen bewusst künstlichen Gebilden ordnen sich alle Details in der Gestaltung unter, auch das natürliche Umfeld. Kennzeichnend ist eine streng geometrische Formgebung. Quadratische, rechteckige, runde und ovale Bassins setzen deutliche Akzente, die von einer baulichen Einfassung häufig noch unterstrichen werden. Klinkerstreifen, Plattenbeläge oder sogar niedrige Mauerelemente rahmen die Becken wie die Mauern ihr Haus umschließen. Dabei hat alle Betonung eigentlich nur ein Ziel: dem Wasser eine große Bühne zu geben. Es ist Hauptdarsteller in diesen gebauten Inszenierungen. Seine ebenmäßige, reflektierende Oberfläche fängt das Spiegelbild vorbeiziehender Wolken, angrenzender Architektur, eines Baumes oder des Grüns am Ufer ein. Wenn Pflanzen zum Zuge kommen, dann oft nur sparsam und ganz gezielt, als ausschließlich dekoratives Element. Doch gerade dadurch haben sie sonst nicht gekannte Auftritte: die Seerose als Mitte eines runden Beckens auf dem Wasser thronend, senkrecht emporstrebende Gewächse wie Schwertlilien oder Blumenbinsen, die wie kleine Pfeile aus der ebenen Fläche staken, tropische Exoten, die nur in solchen Bassins ihren Soloauftritt bekommen.

Eleganz für kleine Gärten

In sachlich architektonisch oder streng geometrisch angelegten Gärten sowie Gartenhöfen und so genannten modernen Stadtgärten sind formale Wasserbecken ein sehr passendes Element. Fast immer umgibt sie ein Hauch von Eleganz, zum Beispiel als Mitte einer größeren Rasenfläche, in Anlehnung an eine Mauer, im Anschluss an die Terrasse oder in einem eigens angelegten Gartenbereich. Als zentrale Mitte oder dominanter Einrichtungsgegenstand können sie Ausgangspunkt der gesamten Gestaltung sein. Da der Platzanspruch eines bepflanzten Ufers entfällt, stellen sie für kleine Gärten eine echte Alternative dar.

Das rechtwinklige Becken harmoniert mit der Geradlinigkeit des Hauses. Die strenge Einfassung und zwei Kugelakazien unterstreichen die architektonische Wirkung.

Das Spiel mit der Form

Die bekannten, einfachen geometrischen Formen sind Akzentuierung genug. Ausgefallene Winkel oder extravagante Gebilde sollten in der Hausarchitektur oder dem Gartengrundriss begründet sein. Erhöht angelegte Wasserbecken unterstreichen ihre Form besonders. Dazu genügt schon ein kleiner Absatz von wenigen Zentimetern oder ein bis zwei umlaufende Stufen. Auf Sitzhöhe (50–60 cm) herausgehobene Ränder in bequemer Breite laden ein, direkt am Wasser Platz zu nehmen. Umgekehrt geht es übrigens auch: Das Bassin wird um einige Zentimeter unter Niveau gesetzt oder sogar als Senkgarten gestaltet.

Der Spielraum ist groß. Ein längliches Becken wird zur optischen Umsetzung einer Gartenachse, das runde Bassin klassischer Bezugspunkt eines Rosengartens oder Pendant zum runden Pavillon. Zwei oder mehrere leicht höhenversetzte Becken können mittels Überlauf verbunden werden. Der architektonische Charakter lässt solche Wasseranlagen gut in andere baulichen Einrichtungen, etwa eine Treppe oder einen Hangeinschnitt, integrieren. Für die Einfassung oder die Verkleidung von erhöhten Becken sollte das gleiche Material oder eine sorgsam abgestimmte Kombination wie für die Terrasse, die Treppe, eine Mauer oder die Wege verwendet werden, vor allem, wenn eine optische Verbindung besteht. Der Einsatz zu vieler verschiedener Werkstoffe macht den klaren Aufbau derartiger Gestaltungen schnell zunichte.

Mit einem Ambiente aus formalen Elementen lässt sich die Geometrie noch steigern. Man stelle sich vor, einem runden Wasserbecken schließt sich ein eingeschnittener halbkreisförmiger Sitzplatz an. Geschnittene Buchskugeln, kugelig wachsende Funkien oder die Hortensie mit ihren Blütenbällen schmücken das Ensemble, dem halbrunde Bänke die Krone aufsetzen. Auch künstliche Form und künstlerische Einlagen ergänzen sich gut. Skulpturen, egal ob als bildliche oder abstrakte Darstellungen, finden am Beckenrand oder sogar im Wasser leicht ein Forum. Weil es sich in beiden Fällen um offensichtlich gestaltete Gebilde handelt, betonen sie sich bei geschickter Platzierung gegenseitig.

Info

Der (fast) völlige Verzicht auf Pflanzen geht zu Lasten der Wasserqualität. In solchen Fällen müssen Umwälzanlage und gegebenenfalls Pflegezusätze für die notwendige Klarheit sorgen.

Info

Formale Wasserbecken werden als Fertigelemente eingesetzt, aus wasserdichtem Beton erstellt oder gemauert und mit Folie ausgekleidet. Die Folienränder sind entweder im Mauerwerk oder unter den um wenige Zentimeter überstehenden Rändern der Abdeckung versteckt. Die senkrechten Wände dieser Becken stellen allerdings eine tödliche Gefahr für viele Tiere dar. Entsprechende Ausstiegsmöglichkeiten vorsehen!

Übergangsformen

Der Übergang zwischen natürlich gestalteten Teichen und den formalen Anlagen ist fließend. Kein Lehrbuch schreibt vor, dass ein rechteckiges Wasserbecken nicht wie ein natürlicher Gartenteich bepflanzt und gestaltet werden kann. Manchmal bietet sich dies sogar gerade an: Auf kleinen Grundstücken, wo der Raum für das Spiel mit freien Formen fehlt, ist eine solche Kombination oft die beste Lösung. Auch für Teiche, die direkt an die Terrasse stoßen, machen geometrische Varianten mit natürlichem Aussehen Sinn. In größeren Gärten findet man auch beide Typen miteinander verbunden. An der Terrasse (sie ist ihrer Funktion gemäß noch Teil des Hauses) dominieren Geradlinigkeit und eine offene Wasserfläche, dann setzt sich die Uferlinie in weichen Formen fort und eine üppige Bepflanzung signalisiert den Übergang zum Grün. Für Badeteiche ergibt sich diese Verbindung oft ganz selbstverständlich: Der Schwimmteil besteht aus einem großen rechteckigen, unbepflanzten Becken, damit er optimal nutzbar ist. Die anschließende Regenerationszone ist üppig bepflanzt und dem Vorbild natürlicher Gewässer nachempfunden.

Sumpfbeete

In der Natur bildet sich ein Sumpf in Stillwasserbereichen, wo es zur Ablagerung von organischer Masse kommt, die mit der Zeit eine schlammige Schicht bildet. Im Gegensatz zum Teich, in dem ein erhöhter Nährstoffgehalt schlimme Folgen hat, geht es im Morast eines Sumpfes weniger karg zu. Hier wachsen viele farbenfroh blühende und ausbreitungswillige Pflanzen, die wechselnde Wasserstände von feucht über zeitweise überflutet bis kurzzeitig trocken willig überstehen. Im Garten besteht ein Sumpf schlicht aus einer Mulde von etwa 30–40 cm Tiefe, mit Boden angefüllt, bepflanzt und ständig von Wasser gesättigt.

Übergangszone zum Teich

Meistens ist eine solche Sumpfzone dem Teich direkt angegliedert. Ein kleiner (Stein-)Wall kurz unterhalb des Wasserspiegels, der verhindert, dass Erde in den Teich gelangt, aber gleichzeitig dafür sorgt, dass der Sumpf ständig durchnässt ist, schafft die notwendige Trennung zwischen den beiden Bereichen. Manchmal bekommt das Sumpfbeet auch sein eigenes Reich. Wenn zum Beispiel ein Wasserbecken ohne Uferstreifen oder ein zu Gunsten des freien Wasserspiegels

Formvollendet formal: Das Wasserbecken hat nicht nur eine ausgefallene Form, es wird auch noch von einer Mauer in der auffälligen Farbe des Hauses betont.

weitgehend pflanzenarmer Teich geplant ist, kann man mit einem separaten Feuchtbereich den fröhlich bunten Aspekt einer Wasserlandschaft an anderer Stelle im Garten hinzufügen. Oder es soll eben mal gar kein Teich sein. Dann kann das Sumpfbeet mit Blut-Weiderich, Sumpf-Dotterblume, Sumpf-Vergissmeinnicht oder Fieberklee trotzdem ein wenig Wassergarten-Flair vermitteln. Einzige Bedingung: Im Sommer muss der Wasserstand im Sumpf häufig kontrolliert und ausgeglichen werden, da die Verdunstungsrate dann recht hoch ist.

Klärung und Aufbereitung

Sumpfbeete werden auch zur Regenwasseraufbereitung und als fester Bestandteil von Badeteichen zur Klärung des Wassers eingesetzt. In solchen Fällen verbinden sie das Nützliche mit einem recht attraktiven Aussehen.

MEIN RAT

Mit Hilfe von Teichen und Wasserbecken lassen sich ungünstige Grundstückszuschnitte kaschieren. Unterbricht man zum Beispiel den klassischen Handtuchgarten (lang und schmal) durch eine Wasseranlage, wirkt er verkürzt. Einem breiten Gelände verhelfen eine formale Wasserachse oder ein lang gestreckter Teich zu optischer Tiefe.

Wer ahnt schon, dass Schwertlilien und Rohrkolben in dem kleinen Becken beim Regenfallrohr an der Terrasse ganz nebenbei für sauberes Wasser sorgen. Dann fehlen nur noch ein Überlauf und Rinne oder Bach, um es einem Teich zuzuführen.

Nahtstelle zwischen Wasserfläche und trockenem Ufer ist die Sumpfzone. Hier geht es richtig üppig zu. Zwischen gut genährten Blattschmuck- und Blütenpflanzen streunen einige Vagabunden wie die kleine, gelbe Gauklerblume umher, die auch zwischen Sumpf und frischem Boden wandert.

Wasser klangvoll in Bewegung: fröhliches Bachgeflüster

Oft hört man ihn schon, bevor man ihn sieht: den Bachlauf. Das muntere Element bringt im Gegensatz zu den ruhigen Teichflächen Bewegung ins Grün. Als mehr oder minder schmales Band schlängelt er sich durchs Gelände, umkurvt vielleicht ein paar große Steine oder kreuzt einen Weg und spielt dazu stets eine passende Wassermelodie. Flexibilität ist eine seiner herausragenden Eigenschaften. Auf dem Weg von A nach B macht der Wasserlauf jede gewünschte Streckenführung willig mit. Er braucht nur wenig Platz und kaum Tiefgang, um eine ganze Reihe Funktionen zu erfüllen. Und wie schon bei den Teichen kann man auch bei der Gestaltung von Bachläufen ganz aus dem Vollen schöpfen.

Der natürlich gestaltete Bach

Spielerisch schlängelt er sich durchs Gelände. So soll es sein, täuscht aber ein bisschen darüber hinweg, dass frei gestaltete Bachläufe durchaus zu den Projekten der hohen Wassergartenschule gehören.
Außer einem gemächlich durch eine Wiese plätschernden Bach, den die Technik allein zu bewegen vermag, braucht ein Bachlauf mehr oder weniger Gefälle, damit man seine Lebendigkeit sehen und erleben kann. Höhenunterschiede im Garten sind deshalb oft ein willkommener Anlass, an ein Fließgewässer zu denken. In nahezu ebenem Gelände kann der Aushub für einen Teich, manchmal übrige Erdmassen vom Bau des Hauses zur Höhengestaltung verwendet werden. Bei der Modellierung ist nicht nur an den Verlauf und die Gestaltung des Bachbettes zu denken. Harmonisch wirken die aufgeschütteten Erdmassen erst, wenn auch das Umfeld einbezogen wird. Besonders sanfte Übergänge zum vorhandenen Gelände lassen später gar nicht mehr erkennen, dass es künstlich geformt wurde.

Hanganlagen, häufig als Problem betrachtet, bieten die Chance, so einen beschaulichen Bachlauf mit Staustufen und Kaskaden zu integrieren.

Ein Bachlauf verbindet

So ein Bachlauf hat verbindende Qualitäten. Er kann zwei Teiche miteinander verknüpfen, die Führung von der Terrasse zu einem weiteren Sitzplatz übernehmen, den »Weg« zu einem verborgenen Gartenteil weisen. Andererseits ist er ebenso gut als Raumteiler einsetzbar, um ungünstige Grundstückszuschnitte zu gliedern oder unterschiedliche Gartenräume zu schaffen, die ein Steg oder eine Brücke bei Bedarf wieder miteinander verbindet. Und ganz nebenbei steht fließendes Wasser für gute Wasserqualität. Durch die Bewegung bleibt es kühler und kann dadurch mehr Sauerstoff anreichern, den es im Kontakt mit der Luft reichlich aufnimmt. Dieser kommt Pflanzen, Tieren und den Reinigungskräften des Wassers zugute (siehe Seite 72 ff.).

Gestalterische Elemente

Zu jedem Wasserlauf gehören das Bachbett, eine Quelle und eine Mündung respektive ein Auffangbecken im Garten. Manche Quelle tritt unmerklich zu Tage. Zwischen einigen Steinen oder ein paar Pflanzen quillt das Wasser hervor und nimmt seinen Lauf. Ausgangspunkt kann aber ebenso ein Quelltopf, ein Figurenbrunnen, ein Sprudelstein, ein Wasserfall oder Ähnliches sein. In diesem Fall ist die Quelle schon das erste gestalterische Element, optisch und meist akustisch angenehm auffällig. Schön, wenn es hier ein Plätzchen gäbe, um das Wasserspiel genießen zu können. Verblüffend sind unerwartete Wasseraustritte, zum Beispiel aus einer oder mehreren Mauerfugen, die sich zu einem Rinnsal sammeln, das zu einem Bach anwächst. Am Ende muss das zufließende Wasser wieder gesammelt werden, damit es zurück zur Quelle gepumpt werden und der Umlauf von Neuem beginnen kann. Die meisten Bäche münden in einen Teich. Man kann das Wasser aber auch »versickern« lassen. Für den Fall befindet sich unter einer Kies- oder Steinschüttung eine Zisterne und die notwendige Technik. Übrigens ist diese Methode sinnvoll, wenn man wegen kleiner Kinder auf ein offenes Becken verzichten möchte.

Der Weg des Wassers sollte ebenso wenig schnurgerade wie schlingernd verlaufen. Ein natürlich wirkender Bach in flacherer Lage ist mal etwas schmaler, mal breiter, mal schneller, mal langsamer, nimmt die Kurven nicht so steil, hat hier und da größere, tiefere Stauwasserbereiche, in denen die Pflanzen in Ruhe

Es muss nicht immer rauschen. In diesem kleinen Bach mit mäßiger Strömung können auch Pflanzen wachsen.

wachsen können und das Wasser auch bei abgestellter Pumpe steht. Der Betrachter nimmt den Lauf vor allem wahr, wenn das Auge der Wasserlinie folgen kann. Am Ufer lässt sich der Bach gern von Pflanzen und großen Steinen begleiten. Engpässe, Kolke und größere Steine verändern immer wieder die Fließgeschwindigkeit. In steilerem Gelände und Hanglagen wird das Wasser zwangsläufig schneller, meist zu schnell. Damit es nicht ungehindert abstürzt, lässt man es von Kaskaden und kleinen Wasserfällen bremsen. Es bewegt sich geräuschvoller, bietet für Pflanzen aber weniger Ansiedlungsmöglichkeiten.

Der Wiesenbach

Die Ufer eines Wiesenbachs werden von Pflanzen geprägt. Im Vordergrund sind sie größtenteils flach, damit das fließende Wasser sichtbar bleibt. Nur im Hintergrund wächst die Uferbegleitung höher. An schattigen Bachrändern fühlen sich Gräser und besonders die Luftfeuchtigkeit liebenden Farne wohl. Und schon hat man ein Bild vor Augen: Grashalme und Farnwedel im lockeren Umgang mit Steinen.

Wasser und Stein

Steine sind beinahe selbstverständlich. Im Bach braucht man sie, um den Wasserstrom zu leiten und Absätze zu gestalten, am Ufer als passende Begleiter. Mancher Bach wird gar komplett mit Steinen ausgelegt. In den meisten Fällen wird Kies oder gebrochenes Material verwendet. Eine Auskleidung mit Steinbrocken braucht das passende Umfeld, sonst wirkt so eine Anlage aufgesetzt.

Den Bach überqueren

Im Garten ist es recht einfach, die Ufer miteinander zu verbinden – wenn ein Weg den Bach kreuzt oder weil es einfach gut aussieht. Die Stelle, an der man das Wasser überquert, sollte schmal sein, so wie man den Gürtel um die Taille trägt, weil er dort am besten passt. Mit dem klassischen Holzsteg (Bretter, die quer auf eine tragende Konstruktion geschraubt werden) ist kaum etwas verkehrt zu machen. Ebenso erfüllen zwei dicke Holzbohlen ihren Zweck, etwas versetzt nebeneinander übers Wasser gelegt und im Ufer verankert. Edel und massiv: ein Natursteinsteg als Übergang. Am schnellsten hat man Trittsteine untergebracht. Flache, gut begehbare Brocken liegen satt, wenn nötig fest betoniert im Wasser und übernehmen bestenfalls zwei Funktionen: Sie regulieren die Fließgeschwindigkeit und führen trocken und

Ein Natursteinsteg, der auf beiden Seiten ins Ufer eingegraben wurde, garantiert einen attraktiven sowie sicheren Übergang.

Info

Es sollte Möglichkeiten geben, sich direkt am Wasser aufzuhalten: ein Fleckchen Rasen, ein paar flache Sitzsteine am Ufer oder ein großer Stein im Wasser, vielleicht ein Sitzplatz, der von einer Bachbiegung eingefasst wird. Nicht nur, dass das Wasser ohnehin magisch wirkt, es kühlt und befeuchtet die Luft merklich: ein Kleinklima, das man an heißen Sommertagen sicher zu schätzen weiß.

sicher von einer zur anderen Seite. Dass sie aus dem gleichen Gestein wie alle Steine am Bachlauf sein sollten, versteht sich von selbst. Brücken sind sehr auffällig und müssen gut eingebunden werden. Sie brauchen die Anlehnung ein paar höherer Pflanzen am Ufer oder mögen es, wenn das Brückengeländer ein Stückchen umrankt dasteht.

Wasserfälle

In Steil- und Hanglagen oder wenn das Gelände stärker modelliert wurde, kann das Wasser muntere Höhensprünge vollführen. Es spritzt, gluckert oder plätschert eine Steinformation hinab. Selten macht es im Garten Sinn, dass Wasser über eine größere Höhe frei in die Tiefe stürzt. Meistens handelt es sich um Kaskaden, also stufenförmig angelegte Wasserfälle. Diese Stufen können flacher oder mächtiger sein, aus unregelmäßig hohen Abstürzen bestehen oder sehr gleichmäßig gebaut sein. Je tiefer das

MEIN RAT

Machen Sie, wenn möglich, ein flaches, etwas längeres Teilstück für die Kinder zugänglich, damit sie ihre Papierschiffchen fahren lassen können.

Wasser auf einen entsprechenden Untergrund fällt, desto lauter wird es. Unterschiedliche Abstufungen bis zu gut einem halben Meter reichen völlig. Wasserfälle werden sowohl als Quelle als auch eigenständiges Element gesetzt. Im Verlauf eines Baches genügen einzelne Stufen, um geringe Höhen zu überwinden oder sie einfach als optische Unterbrechung einzusetzen. Ein flaches, gemächlich dahingleitendes Bächlein tröpfelt einen Absatz hinab, führt es

Trittsteine sind die lockerste Form, zwei Ufer miteinander zu verbinden. Obendrein sind sie eine willkommene Unterbrechung im Lauf des Wassers.

MEIN RAT

Das Geräusch, das ein Bach oder Wasserfall erzeugt, bestimmen die Anlageform, die Fließgeschwindigkeit und auch die Technik (siehe ab Seite 65). Versuchen Sie vorher herauszufinden, welches Klangbild für Sie die schönste Wassermusik ist. Bedenken Sie jedoch, dass lautes Plätschern oder ein kräftiges Rauschen kurzfristig herrlich stimmungsvoll wirkt, langfristig aber ganz schön nerven kann – Sie und die Nachbarn!

mehr Wasser, murmelt es über die Stufe, und wenn viel Wasser über eine Kaskade fließt, platscht es ordentlich. Noch etwas beeinflusst die Akustik: Rinnt das Wasser an den Steinen des Wasserfalls herab, klingt es weniger dramatisch, als wenn es wie ein Schleier frei über eine vorstehende waagerechte Abschlusskante zu Fall (daher Schleierfall) kommt.

Wasserrinnen und Kanäle

So, wie die Wasserbecken das Gegenstück zu den natürlich nachempfundenen Teichen sind, ist die Wasserrinne oder der Kanal das geometrische Pendant zum Bachlauf. Die Schöpfer herrschaftlicher Gärten waren Meister in der Schaffung solcher repräsentativen Bauwerke. Für den Hausgebrauch sind sie allerdings deutlich eine Nummer kleiner geworden, aber das Grundprinzip blieb gleich, schnurgerade Bahn und rechter Winkel lassen keinen Zweifel an ihrer Künstlichkeit. Statt der lockeren Ufer am

Die etwas andere Mündung: Über eine breit angelegte Kaskade mit mehreren kleinen vorstehenden Steinplatten plätschert das Bachwasser in den Teich.

Schon dieser kaum einen halben Meter hohe Wassersturz setzt einen deutlich sicht- und hörbaren Akzent.

Bach auch hier strenge Einfassungen aus Beton, Holz, bearbeitetem Stein und sehr häufig Klinkern, weil sie sich gut in geometrische Formen bringen lassen.

Damit das fließende Wasser richtig zur Geltung kommt, sollten die kleineren Rinnen flach, nicht zu schmal sein und immer nur in »begründeten Fällen« – weil sie der Form einer Fläche folgen oder einem »Hindernis« ausweichen – um die Ecke ziehen. Pflanzen tauchen in der schlanken Ausführung eigentlich nur außerhalb der gebauten Rinne auf. In der größeren Version werden gerne einzelne, aufragende Gewächse, etwa Schwertlilien, in kleinen Gruppen als attraktiver Blickpunkt gesetzt.

Geometrischer Wasserlauf

Kanäle brauchen ein durchdachtes Konzept, sonst fallen sie aus ihrem eigenen Rahmen. In Innenhöfen und kleinen ummauerten Gärten ergänzt man sich wechselseitig ideal. In größeren Gärten muss die Geometrie wiederzufinden sein. Sie kann außer im Bezug zum Haus, einem Gebäude und zur Terrasse von Wegen, Pflasterflächen und geschnittenen Hecken aufgenommen werden. Kleine Wasserrinnen überraschen, wenn sie beispielsweise einen Gartenweg unterlaufen, einen kleinen Sitzplatz oder Gartenraum begrenzen oder als ungewöhnliche Form eines Auffangbeckens für einen Wandbrunnen oder ein Wasserspiel ein Stückchen in die Terrasse ragen.

Auf Gefällestrecken erhält die Achse flache Einzelstufen, an denen das Wasser herunterfließt. Etwas höhere Sprünge werden über eine vorstehende Stein-, Metall- oder sogar Edelstahlkante geführt, damit das Wasser als gleichmäßiger Schleier fällt. Stilvollendend ist eine Wassertreppe, die von einem gleichmäßig dünnen Wasserfilm überzogen wird.

MEIN RAT

Das Spiel mit Spiegeln: Eine Mauer ist für ein anstoßendes Wasserbecken oder Rinnsal scheinbar keine Begrenzung, wenn ein Wandrelief aus Ziegeln, Klinkern oder einem Anstrich den Eindruck vermittelt, als gäbe es einen Durchlass. Ein Spiegel in dieser »Öffnung« gaukelt den Durchfluss vor und führt den Lauf des Wassers imaginär fort. Natürlich kann man sich auch frei aufgestellter Spiegel, die geschickt ins Grüne gesetzt werden, bedienen, um Wasserflächen mit diesem Trick zu erweitern.

Eine Wasserrinne (hier zum Beispiel als Begrenzung eines Sitzplatzes oder einer Terrasse) braucht nur wenig Raum, zeigt aber Wirkung!

Nur ein paar Tropfen: Spielereien von Brunnen bis Trog

»Ach, es ist ja nur ein ganz kleiner Garten.« Macht nichts! Gerade im Kleinformat gibt es großartige Lösungen und jede Menge spritziger Ideen, sodass man keinesfalls auf Wasser verzichten müsste, weil es an Platz mangelt – nicht einmal auf dem Balkon. Auch tropfenweise lässt sich das kühle Nass mit allen Sinnen erleben. Gerade weil das Wasser in geringer Dosis kaum in Erscheinung tritt, hat man sich etwas einfallen lassen, das flüssige Element mit einigen Zutaten anderweitig in Szene zu setzen. Die Stärken dieser Mischung: Wandlungsfähigkeit, Beweglichkeit und ganz, ganz viel Charme.

Prima, doch eigentlich beginnt das Dilemma erst jetzt. Es gibt so viele Darstellungsmöglichkeiten des Mini-Wassergartens, dass man sich zunächst der Qual der Wahl stellen muss. Und selbst stolze Besitzer großer Teiche sind davor nicht gefeit, denn die Flutwelle der kleinen Wasserstellen hat schon so manchen eingeholt, und ein zusätzliches Plätzchen für Brunnen, Quelltopf, Trog oder Vogeltränke findet sich immer.

Vogeltränken

Ein Kollege schrieb einmal: »Somit ist die Vogeltränke eine künstlich angelegte Pfütze und die kleinste Form eines Gartenteichs.« Die Vögel nehmen sie dankbar an, trinken und baden darin, sehr zur Freude ihrer Beobachter. Die kleine »Pfütze« passt überall hin. Die Tiere brauchen nur eine flache Mulde, außerdem freie Sicht und Fluchtmöglichkeiten, damit die Katze sie nicht überrascht. Von einem Baum oder Strauch in der Nähe beobachten sie ihre Tränke oder lassen das Gefieder trocknen, wenn sie ein erfrischendes Bad genommen haben. Modelle aus den verschiedensten Materialien stehen in Hülle und Fülle bereit. Es genügt aber auch eine leichte Vertiefung, die man vielleicht am Rand eines Weges oder Sitzplatzes mit Natursteinen auspflastert. Ein schlichter Findling, flach, in dem etwas Wasser steht, tut es ebenso. Mühlsteinbrunnen und leicht ausgemuldete Quellsteine nehmen die Vögel sehr gerne an. Der dünne Wasserfilm, der über die Fläche rinnt, ist gerade richtig und dazu immer frisch.

So eine Vogeltränke gefällt nicht nur den gefiederten Freunden. Die flache Schale bietet Trinkwasser und eine Badegelegenheit in hübschem Ambiente.

Die Tränken sollten nicht der prallen Sonne ausgesetzt sein, dann trocknen sie sofort aus. Bei starker Verdunstung ist ohnehin regelmäßig Wasser nachzufüllen. Alle paar Tage leert und reinigt man sie mal. Lebt ein Igel im Garten, braucht er die Trinkschale direkt am Boden, von Stauden und Sträuchern geschützt.

Mini-Wassergärten in Kübel und Topf

Mini-Wassergärten in besonders hübschen Gefäßen finden nicht nur bei den Balkongärtnern immer mehr Anklang (vergewissern Sie sich wegen des hohen Gewichts bezüglich der Statik!). Sie sehen exotisch zwischen oder zu den traditionell bepflanzten Kästen und Kübeln aus. Außerdem machen sie nicht gleich schlapp, wenn sie an einem heißen Sommertag einmal nicht rechtzeitig gewässert werden. Aus den gleichen Gründen findet man sie auch auf dem Dachgarten, im Hinterhof, an der Terrasse, einem Sitzplatz, einer Nische am Wegrand und wo immer es gut aussieht. Kleinere, fest im Garten eingebaute Becken entsprechen in ihrer Gestaltung den formal gestalteten Wasserbecken im Kapitel Teiche, fallen nur noch einmal eine Nummer kleiner aus. Meistens jedoch sind sie Teil eines Brunnens oder Wasserspiels und dienen als schmucke Auffangbecken und Wasserreservoire.

Geeignete Gefäße

Wenn nicht noch alte, sehenswerte Gefäße im Keller auf neue Nutzung warten, bekommt man farbig glasierte Keramiktöpfe, Terrakotta-Kübel (im Winter ausleeren), Steintröge, Holzfässer und mehr in unterschiedlichen Größen zu kaufen, die auch in Gruppen arrangiert werden können. Flache Schalen müssen häufig nachgefüllt werden und eignen sich hauptsächlich für Schwimmpflanzen. Je mehr Tiefe die Gefäße haben, desto besser. Was undicht ist, z. B. alte Holzfässer, wird mit dünner Teichfolie ausgekleidet, die man am oberen Rand mit einer Metallleiste befestigt.

Pflanzen im Troggarten

Im Troggarten wirkt jede Pflanze für sich. Ein bis drei verschiedene, nicht zu stark wuchernde Arten genügen deshalb (Vertreter und ihre Pflege im Pflanzenteil ab Seite 92). Die Winterharten können im Kübel überdauern. Der allerdings muss gegebenenfalls vor Frost geschützt werden. Der mobile Wassergarten ist auch für die Verwendung von Exoten interessant. Den Sommer über kultiviert man die Schwimmer wie Wassersalat *(Pistia stratiotes)*, Schwimm-

Seerose, Muschelblume und Wassernuss haben ein Sommerquartier im farbig glasierten Pflanztrog gefunden.

> **Info**
>
> Kleinen Kindern ist jede Pfütze recht, um an Wasser zu gelangen. Kübel, die groß genug sind, dass ein Kind beim Spiel zu Schaden kommen könnte, sichern!

farn *(Salvinia natans)* oder die aparte Wasserhyazinthe *(Eichhornia crassipes)* im Gefäß. Wer keine Lust oder keinen Platz hat, sie im Haus zu überwintern, macht es wie mit Saisonblumen: Im nächsten Jahr kauft man neue.

Brunnen und Wasserspiele

Bei den Brunnen und Wasserspielen ist das Wasser wieder ununterbrochen in Bewegung. Man sieht es, hört es vor allem und bewundert seine Kraft, mit der es sich manchmal seinen Weg zu bahnen scheint. Man möchte es unbedingt anfassen. Es ist in so greifbarer Nähe, dass man einfach fühlen muss, wie es an einem Stein hinunterrinnt. Es macht Spaß, mit der Hand einfach in einen Wasserstrahl zu langen und einer spuckenden Fratze auch mal den Mund zuzuhalten.

Erneut zeigt sich eine ganz andere Wirkungsweise des elementaren Stoffs. Er wird von den Objekten präsentiert, die ihn abgeben oder aufnehmen. Oft ist es ein Wettstreit, wer denn nun wen schmückt, das Wasser die Brunnenanlage oder umgekehrt. Es gibt ganz unterschiedliche Typen mit wohlklingenden Bezeichnungen wie Springbrunnen, Skulpturen- und Figurenbrunnen, Wand- und Quellbrunnen. Das Prinzip ist immer gleich, aus dem Vorrat eines Wasserreservoirs oder Teichs fördert eine Pumpe das Wasser zu einer Düse oder einem Speier, dort tritt es in gewünschter Stärke aus, wird wieder gesammelt und der Umlauf beginnt erneut (Aufbau und Technik ab Seite 68).

Der geeignete Platz

Wie schon gesehen, ist ein Quell- oder Sprudelstein oft Ausgangspunkt für einen Bach. Manchmal werden Wasserspiele im Teich installiert und dienen hier zusätzlich als Sauerstoffspender. Die meisten Brunnen und Wasserspiele stehen jedoch für sich allein, als Akzentuierung an Sitzplatz oder Terrasse, als Überraschung hinter einer Wegbiegung, als Mittelpunkt einer Wegkreuzung oder eines Gartenraums, als Belebung einer Wand. Sie sind die schönste Dekoration, die man sich in einem Gartenhof vorstellen kann, in dem die Akustik alle Geräusche verstärkt und der angenehme Effekt der Luftbefeuchtung besonders spürbar wird.

Ebenso schlicht wie ansprechend präsentiert sich der klassische Schalenbrunnen. Unter dem Kies befindet sich das Wasserreservoir für die kleine Fontäne.

Wandbrunnen & Skulpturen

Viel zu selten sieht man Wandbrunnen. So viele Garagenmauern ragen öde in den Garten oder werden hinter Kletterpflanzen versteckt. Dabei ist ein Wasseranschluss dort oft gar nicht weit und Platz brauchen diese Brunnen kaum. Tierköpfe und Masken sind sehr alte Motive, wenn es darum geht, dass eine Figur Wasser in ein dekoratives Auffangbecken speit. Im modernen Garten kann es ein nüchterner Wasserschwall sein, der sich über eine Metallplatte in eine Kiesrinne ergießt, besondere Gestaltung der Mauer nicht ausgeschlossen. Figurenbrunnen und außergewöhnliche Brunnenskulpturen gehören aufgrund ihrer plastischen Wirkung zu den ausgefallensten und auffälligsten Wasseranlagen, selbst dann, wenn die Pumpe abgestellt wurde. Sie sind ein starker Ausdruck des Geschmacks und stehen oft in besonderer Beziehung zu den Besitzern eines Gartens.

Im Garten inszeniert

Um die kleinen Wasserstellen richtig in Szene zu setzen, bekommen sie natürlich einen Platz, an dem man sie sieht – weil man sich dort aufhält oder häufig vorbeikommt. Die Größe bestimmt der Ort und die Entfernung zum Betrachter. Meint man es zu gut, erschlägt das beste Stück sein schönstes Umfeld, was zu klein ist, wird schlicht übersehen. Das Verhältnis von Wasser und Objekt sollte ebenfalls harmonisch sein. Entscheidend ist eine sorgfältige Einbindung in die Umgebung. Ein Wasserspiel, das selbst sehr aufgewühlt ist, braucht einen ruhigen Hintergrund, ist der Brunnenkörper eher zurückhaltend, hebt ihn eine farbenfrohe Begleitpflanzung hervor.

MEIN RAT

Springbrunnenstrahlen werden an windexponierten Standorten leicht verweht. Das ist nicht nur optisch schade, sondern bringt auch Wasserverluste mit sich. Ein windabgewandter Standort ist umso wichtiger, je höher es spritzt. Damit möglichst wenig Wasser verloren geht, rechnet man für das Auffangbecken den doppelten Durchmesser der Fontänenhöhe.

Apropos Pflanzen: Die Verwendung passender Pflanzen wie Bambus, Gräser, Dreimasterblume oder anderer Gewächse des trockenen Ufers steigert die Wirkung eines Ensembles erheblich!

Kleine Wandbrunnen haben oft große Wirkung, so wie dieser grünspänige Blätterschrat vor roten Klinkern.

Kinder, Kinder: der etwas andere Wassergarten

Wundern Sie sich nicht, wenn die Sprösslinge beim Thema Wassergarten auf den Dachboden rasen, um den verbeulten Einkochkessel von Oma zu holen. Wasser ist für Kinder der herrlichste Stoff – hat für sie aber leider überhaupt nichts mit Ästhetik zu tun. Daraus folgt: Erstens: Der Wassergarten für Kinder sieht anders aus. Zweitens: Die Sicherheit wird zu einem ganz wesentlichen Aspekt.

Wassergärten für Kinder

Um abzutauchen braucht man eigentlich nur irgendwelche alte Gefäße. In einem Speisefass ist schon genügend Platz, um darin zu baden.

Kinder sind neugierig. Was sich bewegt (oder auch nicht), ist unbedingt zu untersuchen. Zum Gartenteich gehören deshalb ein großes Glas und ein Kescher.

Die Eltern schauen vorsorglich, dass der alte Krempel keine scharfen Kanten hat, nicht zu hoch für den Ein- und Ausstieg ist sowie sicher steht – oder sie spendieren doch ein komfortables Planschbecken. Banale Nutzobjekte wie Wasserhahn und Schlauch sind plötzlich heiß begehrt und brauchbares Zubehör, ebenso die Blumenbrause und der Rasensprenger aus dem Schuppen, mit dessen Wasserstrahlen man trefflich um die Wette rennen kann.

Im Sandkasten kommt es auf die Mischung an! Die richtige Menge macht den Sand wunderbar formbar. Ist der Graben um die Burg einmal fertig, wird geflutet. Bringen Sie den Kindern Regenrohre, Abzweige und Krümmungen mit. Was davon nicht im Sand vergraben wird, verlegt man systematisch durch den Garten. Dann prüfen, ob alles dicht ist und Wasser marsch!

Auf Entdeckungstour

Am Teich trifft man die Kinder beim Tümpeln wieder. Sie interessieren sich für die Tiere, beobachten sie und fangen auch mal welche, um sie aus der Nähe zu sehen. So macht der Nachwuchs ganz wichtige Erfahrungen, die ihn nicht zuletzt lehren, verantwortungsvoll mit der Natur umzugehen. Auch die Erwachsenen wissen oft wenig über Pflanzen und Tiere dieses Lebensraums. Gegenseitig zeigt man sich neue Entdeckungen und schaut in Bücher, um mehr zu erfahren oder Lupe und Kescher für gemeinsame Forschungen und viele spannende Experimente zu bauen.

Achtung Nichtschwimmer!

So magisch die Anziehungskraft, so groß ist die Gefahr, die vom Wasser ausgeht. Daher ist Vorbeugung wichtig. Der Gesetzgeber spricht von Verkehrssicherungspflicht: Wer eine Gefahrenquelle schafft, muss sie so absichern, dass niemand gefährdet wird. Dies betrifft auch fremde Kinder, die – selbst ohne Einladung (!) – vom Wasser angezogen werden könnten.

Lassen Sie insbesondere Kleinkinder nie unbeaufsichtigt ans Wasser. Sie können sogar in wenigen Zentimetern Wasser ertrinken, wenn sie ausrutschen und unter Schock die Atmung aussetzt. Badende Kinder, ja selbst Schwimmer, sollte man immer im Blick haben.

Wassergefüllte Gefäße und Planschbecken immer sichern oder ausschütten, wenn niemand anwesend ist und ungebetene Gäste auftauchen könnten. Ist die Regentonne nicht fest verschließbar, baut man sie lieber ab.

Im Winter darf kein Kind eine Rutschpartie versuchen, bevor das Eis nicht sicher tragfähig ist. Sprechen Sie mit Ihrem Nachwuchs über die Gefahren und lassen Sie ihn so früh wie möglich das Schwimmen lernen.

Den absolut kindersicheren Wassergarten gibt es nicht. Aber man kann viel tun. Wenn fremde Kinder Ihren Garten heimsuchen könnten, ist ein unüberwindlicher Zaun rund ums Grundstück mit abschließbaren Toren das Sicherste. Eine Einfriedung des Teiches kann eine temporäre Lösung sein, solange man selbst kleine Kinder hat. Der Zaun wird mit Bodenabstand angebracht, damit die Tiere weiterhin zur Tränke gelangen, die Kinder aber dürfen keinen Durchlass finden. Attraktiver sind engmaschige (5 cm), ausreichend tragfähige, fest verankerte Netze oder Stahlgitter, die man über der Wasseroberfläche montiert.

Vorbeugende Maßnahmen bei der Anlage eines Gewässers helfen, die Gefahr zu verringern. Wenigstens dort, wo ein Zugang zum Wasser leicht möglich ist, sollten flach abfallende Teichränder ausgebildet werden. So holen sich die Kinder beim Tümpeln im Sumpf zwar nasse Füße, sind jedoch gewarnt. Je dichter das Dickicht an steilen Ufern, desto geringer die Gefahr, dass sich der Nachwuchs hier durchschlängelt. Außerdem fällt in diesem Bereich ein Zaun als zusätzliche Sicherung zwischen den Pflanzen gar nicht so auf.

Ungefährlich sind kleine Wasserspiele, deren Reservoire sich im Boden befindet. Offene Auffangbecken füllt man mit Kieselsteinen auf.

Können die Kinder an solchen Wasserstellen oder in »ihrem« Wassergarten spielen, ist der Reiz, gefährlichere Bereiche aufzusuchen, nicht mehr so groß.

Ein tragfähiges, fest verankertes Netz ist eine der besten Versicherungen, dass Nichtschwimmer nicht baden gehen. Dennoch: Betreten des Wassers für Kinder verboten!

Planung und Anlage

Wenn man sich einmal für Wasser im Garten entschieden hat, fängt es vor lauter Tatendrang meist schon an, in den Fingern zu kribbeln. Aber die praktische Umsetzung beginnt theoretisch: mit der Planung des Projekts. Nehmen Sie sich die Zeit, ein gestalterisches Konzept zu entwickeln und die Durchführung sorgfältig vorzubereiten. Alsdann schreiten Sie bestens gerüstet zur Tat.

Die Suche nach der individuellen Lösung

Es ist also beschlossene Sache: Der Wunsch, Wasser im Garten zu haben, soll Wirklichkeit werden. Dann beginnt die Planungsphase. Das ist manchmal mühsam. Aber häufig gemachte Fehler lassen sich so gleich vermeiden und Ihre Anlage macht Ihnen langfristig Freude.

Persönliche Entscheidungskriterien

Wie bereits beschrieben, hat der Wassergarten sehr viele Facetten zu bieten. Zu Beginn der Planung müssen deshalb alle Personen zusammenkommen, die später am Ergebnis teilhaben.

Es darf ruhig ein bisschen mehr sein! Die Besitzer dieses Reihenhauses haben beschlossen, dem Wasser so viel Raum wie nur möglich einzuräumen.

Wer hat welche Vorstellungen? An diesem Punkt wird es meistens turbulent; der eine möchte so einen richtigen Ökoteich, dem Nächsten können Wasserspiel oder Bach nicht verspielt genug sein, der Dritte liebt eine architektonische Lösung, wohingegen der Vierte Fische will. Alles wird aufgelistet und anhand einiger Fragen abgewogen. Was erwartet man? Die Stille und Beschaulichkeit einer ruhenden Wasserfläche oder soll es lebendiges, klangvolles Wasser sein? Empfindet man eine ständige Geräuschkulisse wirklich angenehm oder geht einem das Geplätscher nach einiger Zeit doch auf die Nerven? Probieren Sie es bei Freunden oder im Park aus, wenn Sie unsicher sind. Gibt es Kompromisse? Wenn der Wasserfall nicht einstimmig Anklang findet, kann man sich ja vielleicht auf ein kleineres Wasserspiel einigen. Wie steht es mit den Pflanzen? Sind sie wichtig oder mag man den formalen Stil? Wie sieht es mit dem Umfeld für tierische Bewohner aus? Es wäre sinnvoll, wenn zumindest ein Teil des Gewässers an wenig intensiv gepflegte Vegetation grenzen würde. Gibt es die Möglichkeit, die passende Umgebung für einen naturnahen Teich zu schaffen? Ist man bereit, für einen Teich mit Zierfischen die eventuell notwendige Technik zu betreiben? Es gibt Dinge, die sich verbinden lassen (Teich und Bachlauf), und andere, die einander eher ausschließen (Badeteich und Fische).

Wo soll der Teich hin? An der Terrasse findet er die meiste Beachtung. Sogar vom Haus aus kann man ihn sehen. Häufig führen Stufen nach draußen. Fängt man diesen Absatz mit einem Holzdeck auf, schwebt es über dem darunter gelegenen Teich, als reiche das Wasser ans Haus. Ebenso gut kann das Wasser in einem stilleren Gartenteil ein Ausrufezeichen setzen. Vielleicht ist die Einbindung dort sogar leichter, Tiere finden hier Rückzugsmöglichkeiten und es gibt einen Grund für sie, diesen Bereich häufig aufzusuchen.

Wie viel möchten Sie, auch abgesehen vom Geldbeutel, selber machen und was trauen Sie sich zu? Will man sich mit einem kleineren Gewässer zufrieden geben, weil man Spaß daran hat, es selber zu schaffen, oder holt man doch fremde Hilfe hinzu, weil das größere Projekt genau das ist, wovon man schon immer träumte? Und schließlich sind da noch die vorhandenen Gegebenheiten: der zur Verfügung stehende Platz, die Architektur des Hauses und andere bereits fest vorgegebene Stilelemente und nicht zuletzt das zur Verfügung stehende Budget. Neben solchen individuellen Überlegungen beginnt man Informationen zusammenzutragen, die man für die sachliche Entscheidung braucht. Dazu gehören die Planungskriterien.

Die Planungskriterien

Der Standort

Wie findet man den richtigen **Standort**? Die Suche beginnt mit einem Blick zum Himmel. Die **Besonnung** ist insbesondere für bepflanzte Teichanlagen ein wesentliches Kriterium. Sie sollten sechs bis acht Stunden am Tag in der Sonne liegen. Denn die meisten Wasserpflanzen, vor allem die Blühpflanzen, brauchen das Licht und die Wärme, um optimal zu wachsen. Im Frühjahr erwärmt sich das Wasser in einem sonnig gelegenen Teich schneller, die Vegetation kann früher durchstarten. Stark erwärmtes Wasser hingegen fördert das Algenwachstum. Deshalb wäre etwas Schatten von einem Baum oder einer höher gestaffelten Pflanzung in der Mittagszeit sowohl für die Wassertemperatur als auch die Gewächse sinnvoll. Pflanzen Sie den hölzernen Sonnenschirm aber mit gebührendem Abstand, damit er später nicht zum Pflegefaktor wird.

In weniger sonnenverwöhnten Lagen bekommen Teiche den Charakter eines Waldgewässers. Die Grünpflanzen bestimmen das Bild. Nur wenige Blühpflanzen wie die Mummel (*Nuphar lutea*) sind unter diesen Bedingungen zu halten. Dabei kommt es auch auf die Art des Schattens an. Der lichte Schatten von lockerkronigen Laubbäumen, deren kahles Geäst die

Wenn der Teich im Schatten liegt, geht es im Wasser und am Ufer weniger farbig zu. Dann fällt das Augenmerk auf Blattstrukturen, Formen und Accessoires.

Strahlen der Sonne im Frühjahr noch passieren lässt, entspricht natürlichen Bedingungen. Der anhaltende Schlagschatten von Gebäuden bietet keine gute Voraussetzung.

Vorhandene **Bäume** im Garten sind im Übrigen ein wesentlicher Faktor in der Standortvergabe, nicht nur was das Licht betrifft. Wo die Gefahr des Wurzeldrucks besteht, muss eine wurzelfeste Abdichtung gewählt werden, andererseits ist so viel Abstand einzuhalten, dass das Hauptwurzelwerk durch den Bau nicht geschädigt wird. Soweit es möglich ist, geht man zu großen Bäumen besser auf Distanz. Es ist sehr aufwändig, die Blätter im Herbst von der Wasserfläche zu entfernen oder mittels gespannter Netze aufzufangen. Im Teich sind große Laubmengen fatal: Die Zersetzung erfordert sehr viel Sauerstoff und das zu einer Jahreszeit, da sich das Leben im Wasser langsam auf die Winterruhe vorbereitet.

In einem großen, nach natürlichem Vorbild angelegten Teich, können alle Lebensbereiche berücksichtigt werden. Eine gute Voraussetzung für ein stabiles System.

Wer einen Baum pflanzen möchte, plane ihn von vornherein mit einem ausreichenden Abstand zum Wasser ein. Kleinblättrige oder lästige Arten wie Robinie, Birke oder Essigbaum meidet man ebenso wie Nadelbäume.

Es ist ein hübsches Bild, wenn der **Wind** über einen Teich streift. Röhrichthalme wiegen sich, man hört das Rascheln von Gräsern. Sehr windexponierte Plätze hingegen mögen Schwimmblattpflanzen wie die Seerose ebenso wenig wie Springbrunnen, denen es das schönste Wasserspiel verweht, und der Aufenthalt am Wasser ist auch nicht gerade gemütlich. Gibt es keinen besseren Standort, kann eine lockere Hecke, die man in die Raumplanung einbezieht, helfen.

Leitungen und Anschlüsse

Sehr wichtig ist die Frage, ob und wo **Versorgungsleitungen** im Boden liegen. Bereiche von Strom-, Wasser-, Abfluss- oder Gasleitungen müssen natürlich frei bleiben, und in der Bauphase ist darauf zu achten, dass keine Leitung beschädigt werden kann. Andererseits wird später vielleicht Strom für Pumpen oder die Beleuchtung ebenso benötigt wie ein Wasseranschluss zum Nachfüllen. Sind also Anschlüsse in der Nähe, oder wie und wo könnten sie günstig geführt werden?

Entscheidend: die Optik

Neben den planungstechnischen Kriterien sind für den Standort natürlich die gestalterischen Überlegungen maßgeblich. Sie wurden im Vorangegangenen bereits erläutert. Nur noch einmal der Hinweis, dass sich Wasser stets in Gräben und Mulden sammelt. Man sollte Teiche deshalb nicht ohne Grund erhöht anlegen. Einzige Ausnahmen bilden geometrische Becken, Quellen und Wasserkaskaden. Gibt es Ideen und Vorschläge für einen Platz, prüft man auch einmal vor Ort, welcher Blick sich vom zukünftigen Gewässer in den Garten bieten würde oder ob es Dinge in der Umgebung gibt, die interessante Spiegelungen aufs Wasser werfen könnten.

Die Größe bedenken

Die **Tiefe** eines Teiches sollte in unseren Breiten (60–)80 cm betragen. Damit ist gewährleistet, dass das Wasser im Winter nicht vollständig zufriert. Für die Ausschachtungsarbeiten sind die Stärken von Unterbau, Dichtung, eventuell Abdeckung und Substrat hinzuzurechnen. Zierfischteiche sind besser noch 1–1,20 m tief. Für die **Größe** eines Teiches gibt es keine Mindestmaße. Oft treffen schon Platzangebot und Budget die Entscheidung. Nur so viel ist sicher, je größer ein Teich, desto stabiler das ökologische Gleichgewicht, desto weniger Pflege braucht er. Große Wasserflächen erwärmen sich langsamer, sind damit sauerstoffreicher. Das wiederum begünstigt die Umsetzungsprozesse. So ein Gewässer ist besser in der Lage, unerwünschte Nährstoffeinträge, zum Beispiel durch fallendes Laub, zu verarbeiten. Je kleiner ein Teich, desto instabiler das System. Das Wasser erwärmt sich rascher, nimmt weniger Sauerstoff auf, die Bedingungen für den Nährstoffumsatz sind schlechter, was die ungeliebten Algen auf den Plan rufen kann. Es sind außerdem mehr Pflegeeingriffe notwendig, weil das Wachstum der Pflanzen die freie Wasserfläche schneller zu schließen droht.

Optisch kann ein Teich kaum zu groß ausfallen. Die Erfahrung zeigt eher, dass zu zaghaft ge-

MEIN RAT

Die zum Standort gesammelten Informationen überträgt man am besten in einen maßstabsgetreuen Grundstücksplan, der auch den Hausgrundriss, Besonnungsverhältnisse, Baumstandorte und sonstige planungsrelevante Angaben enthält. Mit etwas Vorstellungsvermögen, Bleistift und aufgelegtem Transparentpapier beginnt man, Lösungsmöglichkeiten zu entwickeln. Papier ist geduldig, Wasser formbar.

plant wird. Der Bewuchs lässt das Projekt in der Realität immer kleiner erscheinen, als es in der Planung wirkt. Große, offene Wasserflächen reflektieren das Licht und scheinen den Raum zu erweitern.

Die kleine, aber nicht minder attraktive Lösung. Für einige Wasserpflanzen ist Platz und zwei große Steinquader laden zum Träumen oder Tümpeln ein.

MEIN RAT

Keine Frage, wer die Möglichkeit hat, sollte sich für einen größeren Teich entscheiden – schon weil es einfach schön ist. Wenig Platz ist aber keinesfalls ein Grund zu resignieren. Es gibt auch eine Menge kleiner »Öko-Pfützen«, die, funktionstüchtig angelegt, das Gartenleben bereichern. Den erhöhten Pflegeaufwand kann man gut leisten. Sehr mutige Menschen haben kleine Gärten auch schon auf ganzer Fläche geflutet – mit gestalterischem Erfolg!

Das Teichprofil

Die Größe eines Teiches ist eng mit dem **Profil** des Gewässers unter der Oberfläche verbunden. Die Ufer eines natürlichen Sees fallen sanft ab. Dabei ergeben sich in Abhängigkeit von der Wassertiefe verschiedene Zonen mit unterschiedlichem Bewuchs und Aufgaben. Damit der Gartenteich die verschiedenen Funktionen erfüllen kann, wird er ebenfalls abgestuft geformt (siehe auch Seite 80) und dafür benötigt man dementsprechend Fläche. Die nur wenige Zentimeter tiefe Sumpfzone ist für das Pflanzen- und Tierleben wichtig. Im Flachwasserbereich erwärmt sich das Wasser schneller und kurbelt im Austausch mit kühlerem die natürliche Wasserbewegung an. Die Tiefzone hat meist das größte Volumen, je größer, je mehr Wasser, desto kühler der Teich. Ist nicht ausreichend Platz, das Ufer umlaufend gestaffelt zu gestalten, sollten die Sumpf- oder Flachwasserzone nur in Teilbereichen vorgesehen werden, dann dort aber großzügig breit ausfallen. Dazu wird das Ufer idealerweise nicht steiler als 45°, besser im Verhältnis 1:2 oder 1:3 (auf 3 m Länge wird 1 m Tiefe erreicht) abgeböscht oder, den Zonen entsprechend, mit breiten Terrassen ausgeformt.

Die Form des Teichs

Die sichtbare **Teichform** ergibt sich wieder aus gestalterischen Überlegungen, dem gewählten Stil, der Eingliederung ins zukünftige Umfeld und den angrenzenden Flächen. Als Grundsatz genügt ein einfacher Slogan: »Klare Formen, keine Schnörkel.« Wenn Sie konkrete Vorstellungen entwickelt haben, nehmen Sie Strick, Gartenschlauch oder Sand und übertragen die Konturen des Gewässers/Baches sowie eines eventuell geplanten Sitzplatzes oder Stegs ins Gelände. So sehen Sie schon etwa, ob das Bild Ihren Ideen entspricht, die Größenverhältnisse stimmen, notwendige Abstände eingehalten sind und genügend Fläche für andere Aktivitäten bleibt.

Sie sollten allerdings bedenken, dass dieser ausgelegte Grundriss nicht dem später sichtbaren Wasser entspricht. Die Pflanzen werden viel Raum einnehmen, das offene Wasser wird hauptsächlich in der Tiefzone wahrgenommen. Und so verändert sich auch das Bild der Teichform, Sumpf und trockenes Ufer ziehen sich optisch zu einer Pflanzung zusammen, als Teich werden eher offenes und Flachwasser empfunden. Die Übergänge sind natürlich verschwommen. So können Fehlschwünge manchmal sogar unbemerkt zerfließen.

Der Untergrund

Holen Sie Informationen zum **Baugrund** ein! In einem Meter Tiefe kann der Untergrund ganz anders aussehen als in den ersten 30–40 cm

Boden, in denen man gewöhnlich gräbt. Eine ausreichende Tragfähigkeit ist in der Regel gegeben. Aber zum Beispiel Schicht- oder Grundwasser kann nicht nur bei der Anlage, sondern auch wenn der Teich einmal geleert werden müsste, Probleme bereiten. Sehr schwer wasserdurchlässiger Boden stellt andere Anforderungen an das Abführen überlaufenden Wassers, als ein Grund mit hoher Versickerungsneigung. Und schließlich erschwert (und verteuert) sehr fester oder gar felsiger Untergrund die Aushubarbeiten erheblich. Selten ist der Untergrund so wasserundurchlässig, dass er als natürliche Dichtung brauchbar ist. Was sie nicht selbst durch eine Probegrabung über ihren Baugrund erfahren, könnte ein Baugrundgutachter oder Geologe für Sie feststellen.

Wohin mit dem Aushub?

Beim **Aushub** der Grube hat schon manch einer gestaunt, was für Bodenberge sich im Garten aufgetürmt haben. Selbst ein recht kleiner Teich von 2,5 × 3 m mit einer durchschnittlich gerechneten Tiefe von 60 cm fördert zirka 4,5 m³ Boden zu Tage, die in gelockertem Zustand noch an Volumen zunehmen. Da macht es Sinn, vorab zu überlegen, was damit passiert. Den Oberboden, die oberste, belebte, humushaltige und deshalb wertvolle Schicht, lagert man separat. Teilweise wird man ihn nach Fertigstellung wieder auftragen, was übrig ist, verteilt man in den Gartenbeeten. Ein Teil des Unterbodens kann vielleicht für die Modellierung der neuen Teichlandschaft oder anderer Gartenbereiche verwendet und dort bereits aufgeschichtet werden, ansonsten braucht man Platz für die Zwischenlagerung. Reicht dieser nicht und es ist sicher, dass ein Teil des Aushubs nicht zu verwenden ist, kann er schon abgefahren werden. Von den unteren, nährstoffarmen Schichten hält man aber Material für das Pflanzsubstrat zurück.

Rechtliche Vorgaben klären

Wenn das Projekt konkrete Formen annimmt, sollten **rechtliche Vorgaben** geklärt werden. Grundsätzliche Bestimmungen zu Bauantrag oder Mindestabständen sind in der Landesbauordnung und im Nachbarrecht der Länder geregelt. Daneben können örtliche Vorschriften gelten. Gartenteiche sind im Allgemeinen aber nicht genehmigungs- oder anzeigepflichtig. Erst ab einer bestimmten Größe und Tiefe bedarf es einer behördlichen Absegnung. Das Bauamt gibt Auskunft. Wird Grundwasser oder ein natürliches Gewässer als Quelle angezapft, braucht man eine wasserrechtliche Genehmigung der Unteren Wasserbehörde.

Die Form des Teiches folgt auf einer Seite der gestochen scharfen Rasenkante, der mit Kies und Steinen gestaltete Uferbereich ist im Kontrast dazu frei modelliert.

Dichtmaterialien

Wie auch immer Sie Ihren Wassergarten gestalten: Er muss wasserdicht sein! Dafür werden verschiedenste Dichtmaterialien angeboten, die heute in der Regel alle zuverlässig sind, so dass nur der für das eigene Projekt und Budget passende Werkstoff ausfindig zu machen ist.

Folie

Die **Folie** ist das für Teiche und Bäche gebräuchlichste und preiswerteste Baumaterial. Mit ihrer Einführung setzte ein wahrer Boom ein. Es war jetzt relativ einfach und erschwinglich den Teich im eigenen Garten selbst anzulegen. Qualitätsprodukte sind heute absolut verlässlich. Ihre Beschaffenheit und Haltbarkeit betreffend sind sie elastisch, reißfest, wurzelfest, UV-stabil, frostbeständig und verrottungsfrei, außerdem, wie könnte es anders sein, fisch- und pflanzenverträglich. Die wesentlichen Vorteile in der Anwendung von Teichfolien sind eine relativ einfache Handhabung, fast unbegrenzte Gestaltungsmöglichkeiten für Teiche, Bäche, Wassertreppen etc. sowie ein im Verhältnis günstiger Preis. Es werden verschiedene Folienarten angeboten.

- Die **PVC-(Polyvinylchlorid-)Folie** ist die gängigste Folienart. Sie ist sehr flexibel und das mit Abstand preisgünstigste Material. Bahnenware kann mit einem speziellen Kleber vor Ort und damit recht passgenau eingearbeitet werden. Allerdings übernehmen Sie damit auch die Garantie für Ihre Nähte. Vor allem bei größeren Teichen ist es deshalb sinnvoll, eine fertig verschweißte Plane liefern zu lassen. Tritt dennoch einmal ein Leck auf, ist es einfach (mit einem besonderen Kleber sogar unter Wasser) zu reparieren. Gute PVC-Folien sind regeneratfrei, das besagt ohne Zusatz von wiederverwendeten, eventuell schadstoffhaltigen Kunststoffresten, die die Haltbarkeit beeinträchtigen könnten. Leider sind die PVC-Folien umstritten, was ihre Umweltverträglichkeit (Herstellung und Entsorgung) angeht.
- **PE-(Polyethylen-)Folie** gilt als umweltfreundlicher. Sie kann nicht vor Ort verschweißt werden. Kleine Reparaturen mit einem speziellen Kleber oder Klebeband sind möglich. Als entscheidender Nachteil muss aber gewertet werden, dass PE-Folie recht steif und deshalb nicht so einfach mit ihr zu arbeiten ist.

Die Folie ist das gängigste Material zur Abdichtung von Bachläufen und Teichanlagen. Ein Grund dafür ist sicher der verhältnismäßig günstige Preis.

DICHTMATERIALIEN | 35

- Der Mercedes unter den Folien, preislich wie auch in der Handhabung, Haltbarkeit und Umweltverträglichkeit, sind **Synthesekautschuk-Folien**, zumeist die so genannte **EPDM-Kautschuk-Folie**. Sie ist hochelastisch, dadurch auch bei kühler Witterung gut zu verlegen, sehr reißfest und hochdehnbar, damit stark belastbar. Selbst bei ungünstigen Untergrundverhältnissen und im Badeteichbau ist sie zuverlässig einsetzbar.
- Für Schwimm- und sehr große Teiche sind außerdem gewebeverstärkte **Polyolefin-Folien** am Markt. Frei von Weichmachern sind sie trotzdem flexibel und gut anpassungsfähig. Die Bahnen können aber nicht selbst verschweißt werden.
- Die Folien gibt es als Rollenware, vorkonfektioniert oder nach Maß gefertigt je nach Art in Stärken zwischen 0,3 mm und 2 mm, EPDM-Folien ab 1 mm. Die Wahl der Folienstärke richtet sich nach dem Untergrund und der Belastung, der sie ausgesetzt sein wird. Je tiefer das Wasser, desto größer der Wasserdruck. Folien unter einem Millimeter Dicke sind für kleine Teiche auf ebenem Grund sinnvoll. Das durchschnittliche Gartengewässer kommt mit einer 1 mm starken Abdichtung aus. Bei besonders schwierigem Baugrund sowie großen und tiefen Anlagen, zum Beispiel Schwimmteichen, benötigt man wenigstens 1,5 mm Folienstärke.
- Darüber hinaus gibt es zu Dekozwecken **Steinfolie**, Steintuch oder besandete Folie. Dabei handelt es sich um Folie oder reißfestes und wasserbeständiges Gewebe, das mit sehr feinem Kies/Sand beschichtet ist. Damit erhalten Teichränder und Bachläufe eine natürlicher wirkende Optik. Es wird empfohlen, sie nur zusätzlich auf der eigentlichen Dichtung zu verkleben.

MEIN RAT

Folien nur im seriösen Fachhandel und mit längjähriger Garantie (ab zehn Jahren) kaufen, um nicht Billigangeboten von minderer Qualität aufzusitzen.

Fertigteiche

Fertigteiche sind praktisch unverwüstlich. Sie bestehen aus umweltverträglichem Polyethylen (PE- oder HDPE-Becken) oder, besonders die Größeren, aus glasfaserverstärktem Kunststoff (GFK). Beide eignen sich für die Anlage geometrischer Becken in den angebotenen Größen. Für einen Hochteich sollte man wegen der steiferen Wandungen ein GFK-Becken wählen, das von außen verkleidet wird. Am häufigsten kommen die Einstückbecken allerdings beim Bau recht kleiner Teiche zum Einsatz. Das starre Material macht es möglich, über steile Wände auf

Info

Die gängige **Materialfarbe** ist Schwarz. Es gibt aber auch olivgrüne und braune Folien. Diese dunklen Erdfarben kommen einem natürlichen Teichgrund am nächsten, das Wasser scheint tief und Spiegelungen sind deutlich sichtbar. Sand- oder türkisfarbene Dichtungsbahnen werden im Badeteichbau verwendet. Sie betonen die Klarheit des Wassers.

wenig Raum dennoch die gewünschte Tiefe zu erreichen. Ihr Vorteil ist aber gleichzeitig ihr Nachteil: Kleine, schmale Podeste gestalten die spärliche Bepflanzung schwierig. Doch entgegen ihren Anfängen sind die Becken formenreicher geworden. Absätze mit wulstigen Rändern bieten einen besseren Halt für das Substrat und die Möglichkeit, wenigstens einige Gewächse auszupflanzen. Darüber hinaus gibt es Becken mit integrierter Filterzone, den Platz für eine Pumpe oder eine Überlaufmöglichkeit für den Anschluss eines Bachlaufs. Für den Bau von Bachläufen und Wasserfällen gibt es ebenfalls Fertigteile aus Kunststoff (siehe Seite 55).
Der Einbau der »Minis« ist für jedermann leicht und zügig zu bewerkstelligen. Mit einem Sumpfbeet aus Folie könnte man so einen kleinen Wassergarten erweitern. Die etwas breiten Teichränder müssen vom trockenen Ufer aus geschickt überwachsen oder baulich kaschiert werden. Größere Becken sind recht sperrig und wegen ihres Gewichts nicht mehr

Aus solchen einzelnen Fertigteilen aus glasfaserverstärktem Kunststoff (GFK) werden Wasseranlagen im Baukastensystem nach Belieben zusammengesetzt.

einfach zu handhaben. Aber es gibt noch eine Methode: den Fertigteich im Baukastensystem. Aus einzelnen Elementen, die verschraubt und gedichtet werden, können variabel gestaltbare, Becken, auch mit angeschlossenem Wasserlauf, direkt vor Ort zusammengesetzt werden.

Flexible Formen

Aus **Glasfasermatten und Polyesterharz** lassen sich nach eigenem Gusto Teiche und Bäche aus dem gleichen Material (GFK = glasfaserverstärkter Kunststoff) formen, das auch für Fertigteiche verwendet wird. Die harzgetränkten Matten bilden nach dem Erhärten unempfindliche, nahezu unverwüstliche Becken, die man vollkommen individuell gestalten kann. Jede Form ist faltenfrei machbar. Rohre für Abläufe, Vertiefungen für die Pfosten eines Stegs und Ähnliches werden einfach mit einlaminiert. Ergänzungen zu einer älteren bestehenden Anlage, zum Beispiel ein Bach, können jederzeit problemlos mit der bestehenden Dichtung verbunden werden. Alte, rissige Betonbecken lassen sich auf diese Art neu dichten und bei Bedarf formschön erweitern.
Das Material ist für die Teichbewohner und ihre Umwelt vollkommen neutral. Die in der Ausführung etwas aufwändige Methode erfordert vor allem Erfahrung im Umgang mit dem Material, und sie ist leider nicht ganz preiswert.

Natürliche Dichtung mit Ton

Der **Ton** als Dichtungsmittel hat Vorzüge, die ihm die Natur gegeben hat. Ton ist nicht wasserabweisend, sondern nimmt das Wasser auf; wenn er quillt, wird er dicht. Er bleibt kühl, was dem Teichwasser zugute kommt, bindet überschüssige Nährstoffe aus dem Wasser,

die bei Bedarf wieder an die Pflanzen abgegeben werden. Der Mensch hat den Stoff für die Verwendung nur noch optimiert.
Teichbauelemente aus Ton bestehen aus einer ausgewogenen Zusammensetzung unterschiedlich großer Tonteilchen, die, wie sie ihrer Form wegen auch heißen, zu Ziegeln gepresst werden. Das Material ist erdfeucht und, wie Ton aus der Grube, schwer (Transportkosten). Um einen Teich aus den Elementen zu schaffen, braucht man Muskeln, aber eine natürlichere Dichtung gibt es nicht.
Tonpulver enthält gemahlene Tonminerale (Montmorillonit), die unter Zugabe von Wasser sehr quellfähig sind. Es genügt deshalb, in dünner Schichtstärke zu arbeiten. Das Verfahren unterliegt allerdings bestimmten Voraussetzungen und wird im Hausgarten nicht sehr häufig angewendet.
Tondichtungsbahnen oder -matten bestehen aus zwei Lagen Vlies, die das Tonmineral Bentonit in trockener oder vorbefeuchteter Form einschließen. Das Material wird in Rollen geliefert und in der Teichgrube ausgerollt. Obwohl Ton der natürlichste aller Teichbaustoffe ist und die Entsorgung überhaupt keine Fragen aufwirft, hat er für den Einsatz im Garten leider Nachteile. Gleich welcher Art, Ton kann nur bei einer flachen Uferneigung von maximal 1:3 (1 m Tiefe auf 3 m Länge) verarbeitet werden. Damit beansprucht ein Tonteich mindestens 35–40 m² Fläche. Für die obligatorische Kiesauflage von 10–30 cm sowie die mehr oder minder starke Tonschicht ist die Teichgrube in der Regel tiefer auszuheben, als es für andere Materialien notwendig ist. Ohne die entsprechenden Kenntnisse (und Muskeln) sollte man die Anlage eines Tonteichs in die Hände des Fachmanns geben. Am ehesten lassen sich Tondichtungsbahnen nach Anweisung des Herstellers in Eigenregie verarbeiten. Zum guten Schluss darf nicht verschwiegen werden, dass Tondichtungen der Folie preislich nicht das Wasser reichen können.

Beton

Beton spielt als Baustoff für Wasseranlagen im Garten eine untergeordnete Rolle, kommt jedoch für architektonische Formen und im Schwimmteichbau in Frage. Allerdings erfordert die Verarbeitung spezielle Fachkenntnisse, und weil Fehler nur noch mit dem Presslufthammer behoben werden können, sollte man sich zumindest fachlich beraten lassen.

Teichbauelemente aus Ton sind eine der möglichen Varianten zur Abdichtung von Gartenteichen mit dem natürlichen Baustoff.

Die Anlage eines Folienteichs

Nach Abschluss der Planungsphase können die Ausführungsarbeiten beginnen. Der Aushub ist jederzeit, außer bei gefrorenem Boden, möglich. PVC- und PE-Folien lassen sich am besten bei warmem Wetter auslegen, weil das Material dann am geschmeidigsten ist. Die Anwuchsbedingungen für die Pflanzen sind ab Mitte Mai optimal (Pflanzzeit siehe Seite 100), was für eine Teichanlage im Frühjahr spricht.

Das Abstecken und Ausheben der Teichgrube

Die Arbeiten beginnen mit der Übertragung des Teichgrundrisses ins Gelände. Von einer in Plan und Garten maßstabsgerecht festgelegten Grundlinie werden markante Punkte oder Eckpunkte der Anlage mit dem Maßband im Freien eingemessen. Bei frei gestalteten Teichen verwendet man zur Kennzeichnung des Umrisses am besten Sand oder Sägespäne. Bei geradlinigen Teichen schlägt man an den Ecken Hölzer oder besser Schnurnägel ein, zwischen denen man Schnüre spannt. Dabei sollte schon auf exakte Winkel geachtet werden.

Nun schaut man sich das Vorhaben im Zusammenhang mit der Umgebung noch einmal an. Zu diesem Zeitpunkt sind Korrekturen möglich, wenn man den Teich doch noch etwas größer haben oder die Form verändern möchte. Insbesondere kann, wer kein Meister des Papiers ist, jetzt noch einmal am Umriss feilen, eine Bucht vergrößern, einen verspielten Schnörkel weglassen, die Uferlinien mit anderen im Garten vorgegebenen Linien harmonisieren.

Den Boden ausheben

Der Bodenaushub erfolgt schichtweise. Dabei werden Ober- und Unterboden (siehe Seite 33) getrennt voneinander zwischengelagert. Deponieren Sie das Aushubmaterial weit genug von der Baustelle weg. Je höher die Erdhaufen, desto breiter werden sie und nehmen Ihnen nachher den Arbeitsraum, den Sie um den Teich herum brauchen. Wenn Sie mit der Schubkarre über Rasen oder rohen Boden zum Abkippen fahren, legen Sie Bohlen oder Schaltafeln aus. Das schont den Untergrund und lässt sich unter Umständen auch leichter fahren. Rasen wird zuerst mit einer Plane abgedeckt, bevor er als Lagerplatz dient.

Nach Abschluss der Vorarbeiten, wenn die Teichform festliegt, erfolgt der schichtenweise Bodenaushub gemäß der Tiefenzonen, die mit Pflöcken markiert werden.

Schichtweise vorgehen

Falls der zukünftige Teich auf Ihrem ehemals grünen Teppich entsteht, werden im ersten Arbeitsgang die Rasensoden mit dem Spaten ausgestochen, flach abgeschält und weiter entfernt aufgeschichtet. Vielleicht können sie später zu einer Art Trockenmauer oder Rasenbank am Teich aufgebaut werden. Will man sie kompostieren, müssen sie vorher gut austrocknen, um besser zu verrotten. Das Teichprofil wird im Schnitt betrachtet stufenförmig. Im ersten Schritt trägt man den Boden auf Höhe der Sumpfzone ab. Die Aushubtiefe ergibt sich aus der Stärke für Unterbau und Dichtung (also Sand, eventuell Vlies und Folie), Höhe der Substratschicht und des Wasserstands, also etwa 15–30 cm. Nun wird auf der Sohle der ersten ausgehobenen Schicht der äußere Rand der Flachwasserzone markiert und von dort die zweite Schicht bis zu einer Tiefe von zirka 60 cm ausgekoffert. Je mehr Platz für die Pflanzterrassen zur Verfügung steht, 25–30 cm sollten es nach Möglichkeit wenigstens sein, desto besser. Den Übergang von einer zur nächsten Zone nach Möglichkeit nicht senkrecht, sondern flach angeschrägt ausbilden, was allerdings mehr Fläche kostet. Im letzten Schritt wird die Tiefwasserzone wieder mit Sand gekennzeichnet und möglichst sanft abfallend bis auf etwa 100 cm ausgeschachtet, wenn der Teich 80 cm tief werden soll. Die tiefste Stelle darf kein kleiner Trichter sein, sondern wird wenigstens in Form einer großzügigen Mulde ausgeschachtet.

Die Teichform modellieren

Bei sehr großen Teichen kann man auf die Ausbildung von Terrassen verzichten und das Ufer ganz sachte auf die endgültige Tiefe abfallend modellieren. Dabei darf die Böschungsneigung höchstens ein Verhältnis von 1:3 aufweisen, besser 1:4 oder 1:5 (auf 5 m Länge wird 1 m Tiefe erreicht), damit später das Substrat nicht abrutscht und sinnvoll gepflanzt werden kann. So viel Raum, um solche Ufer umlaufend zu gestalten, hat man wohl höchst selten und wird deshalb in Teilbereichen ohne befestigte Steilufer nicht auskommen.

Bei kleinen Teichen kommt man nicht umhin, die Arbeiten von Hand auszuführen. Während der Oberboden in aller Regel noch gut mit Spaten und Schaufel zu bewegen ist, benötigt man in tieferen Schichten oft die Spitz- oder Kreuzhacke, um den Boden zu lösen.

Hilfe vom Fachmann

Für große Bauvorhaben braucht man helfende Hände, um die Knochenarbeit zu bewältigen, oder einen Bagger, vorausgesetzt, es besteht

Die sorgfältig modellierte und geglättete Grube ist zum Schutz der Folie und gegebenenfalls als Ausgleich mit einer festgestampften Sandschicht ausgekleidet.

> ### Info
>
> Um einen rechten Winkel zu konstruieren und abzustecken, spannt man von einem festgelegten Eckpunkt (wird mit Pflock oder Schnurnagel markiert) entlang der ebenfalls feststehenden Grundlinie eine Schnur. Darauf trägt man ab Eckpunkt eine Strecke von 60 cm (3 m) ab und markiert den Hilfspunkt (farblich oder mit einem weiteren Schnurnagel). Mit zwei Maßbändern oder Schnüren mit entsprechend eingemessenen Strecken werden vom Eckpunkt aus 80 cm (4 m), vom Hilfspunkt aus 100 cm (5 m) so abgetragen, dass sich beide Strecken in einem Punkt schneiden. Der Schnittpunkt ergibt in Verbindung zum Eckpunkt eine Linie im rechten Winkel zur Grundlinie.
> Mit den in Klammern angegebenen Maßen kann man auf größerer Fläche in gleicher Weise verfahren.

eine Zufahrtsmöglichkeit auf das Grundstück. Minibagger kann man bei einem Maschinenverleih inklusive Anlieferung mieten. Wer keine Erfahrung mit der Maschinenführung hat, sollte sich gründlich einweisen lassen oder, da es gar nicht so leicht ist, gezielt mit dem Gerät zu arbeiten, wie es manchmal aussieht, den Mann zur Bedienung auch gleich mieten. Ab einer gewissen (Bade-)Teichgröße lohnt die Überlegung, den Aushub von einem Bauunternehmen machen zu lassen. Leider arbeitet ein Bagger manchmal sehr grob, was die Einhaltung der Formen betrifft. Das Planum (Untergrundvorbereitung) der Maschine ist deshalb sorgfältig von Hand nachzuarbeiten. Das Teichbett wird geglättet, Steine, Wurzeln und spitze Gegenstände entfernt.

Das Einmessen der Höhen

Auf das Grobplanum folgen die Feinarbeiten. Jetzt kommt es auf ganz exaktes Arbeiten an! Wenn das Ufer nicht umlaufend die gleiche Höhe aufweist, bleibt der Wasserspiegel auf Höhe der tiefsten Stelle und an den Rändern darüber liegt die Folie frei; das ergibt ein unschönes, weil schiefes Bild. Um das Ufer also höhengleich einzumessen, zu nivellieren, wie der Fachmann sagt, braucht man zunächst einen Bezugspunkt, also einen festen Punkt auf Höhe der zukünftigen Uferkante.

Von diesem Punkt aus werden alle anderen Höhen bestimmt, im einfachsten Fall mit **Richtscheit oder Wasserwaage**. Zu diesem Zweck schlägt man am Teichrand einen Holzpflock oder Schnurnagel in den Boden, auf dem man genau diese Höhe markiert. Entlang des Teichumrisses werden in bestimmten Abständen weitere Pflöcke in den Boden geschlagen. Alle Messungen macht man am besten zu zweit. Um die vorgegebene Höhe zum nächsten Schnurnagel zu übertragen, nehmen Sie ein längeres, gerades Brett oder eine Aluminiumlatte aus dem Baufachhandel und setzen eine Wasserwaage darauf. Besser handhabbar ist ein Richtscheit, eine Aluminiumlatte mit eingebauter Wasserwaage. Latte oder Richtscheit legen Sie mit der Oberkante genau am gekennzeichneten Punkt an und halten sie mit Hilfe der Wasserwaage exakt waagerecht an den nächsten Pfosten. Dort wird der an der Oberkante der Latte ablesbare höhengleiche Punkt von einem Helfer mit Signierkreide markiert. So verfahren Sie rund um den Teich und übertragen die eingemessene Höhe von Pflock zu Pflock.

Tricks aus der Praxis für größere Flächen

Um Höhen auf größerer Distanz zu ermitteln, reicht diese Methode so nicht aus. Dann bindet man eine Maurerschnur (als Rolle im Baumarkt erhältlich) genau um den ermittelten Bezugspunkt. Ein Helfer zieht die Schnur straff zum nächsten Pflock, an dem die Höhe einzumessen ist. Nun hält man Wasserwaage oder Richtscheit genau entlang der Schnur. Der Helfer bewegt die Schnur so lange vorsichtig auf oder ab, bis sie sich in der Waagerechten befindet. Diesen Punkt am Pflock markiert er.

Es ist ratsam, auf diese Weise auch einmal quer über den Teich zu kontrollieren, ob die ermittelten Uferpunkte stimmen.

MEIN RAT

Da die Messungen zumeist in Bodennähe erfolgen, ist das Hantieren mit Latte und Wasserwaage hinderlich. Zum besseren Arbeiten bietet es sich deshalb an, den angenommenen Messpunkt um 30 oder 40 cm höher zu markieren. Die dann ermittelten Höhen müssen am Ende nur wieder mit dem Zollstock um diesen Wert heruntergemessen werden.

Die genaue Tiefe der Grube wird hier mit Hilfe einer von Ufer zu Ufer reichenden Latte und einem Zollstock kontrolliert.

Die Wasserwaage mit eingebautem Laserpointer vereinfacht die Höhenmessung, vor allem bei großen Teichen.

Höhenbestimmung mit der Schlauchwaage

Alternativ kann man zur Höhenbestimmung auch mit einer **Schlauchwaage** arbeiten. Dazu wird ein langer, flexibler durchsichtiger Schlauch mit Hilfe eines Trichters blasenfrei bis etwa auf die letzten 20 cm beider Enden mit Wasser gefüllt. Das simple Prinzip beruht darauf, dass sich Wasser in einem Gefäß immer genau waagerecht, damit rundherum auf gleicher Höhe einpendelt. Auch der Schlauch ist so ein »Gefäß« und das Wasser stets bestrebt, an beiden Enden gleich hoch zu stehen. Die beiden Wasseroberkanten (Wasserpegel) zeigen also immer zwei Punkte gleicher Höhe an. Halten Sie ein Schlauchende der Waage an den Pfosten mit einem festgelegten Bezugspunkt. Ein Helfer hält das andere Ende an einen Pflock oder Schnurnagel, auf den diese Höhe übertragen werden soll. Sie bewegen Ihr Schlauchende vorsichtig so lange auf oder ab, bis Fixpunkt und Wasserpegel übereinstimmen. Der Wasserpegel im Schlauchende des Helfers ist damit ebenfalls höhengleich und wird auf dem Pflock markiert. So messen Sie Punkt für Punkt ein. Warten Sie jeweils einen Augenblick, bis sich das Wasserniveau auch wirklich einpendeln konnte.

Moderne Hilfsmittel

Schneller und einfacher bringt Sie die moderne Technik zum Ziel. Eine **Laserwasserwaage** (siehe Seite 41) ist heute schon erschwinglich oder über den Baumaschinenverleih zu mieten. Die Handhabung ist recht einfach und damit die Höhenmessung ein Klacks. Der Trick ist ein eingebauter Punktlichtstrahl (Laserpointer) in der Wasserwaage. Sie wird auf ein Stativ montiert und genau waagerecht justiert (eingestellt). Egal wie Sie die Waage nun drehen, wird der Laserstrahl immer auf Punkte gleicher Höhe zeigen. Sie brauchen Ihre rund um den zukünftigen Teich eingeschlagenen Pflöcke also nur mit dem Punktlicht anzupeilen, die Höhe zu markieren und erhalten ein umlaufend gleiches Niveau. Da man mit der Waage logischerweise oberhalb der Uferlinie arbeitet, misst man die an den Pfosten ermittelten Höhen mit dem Zollstock noch einmal um den nötigen Wert bis auf das errechnete Uferniveau herab.

Messung der Tiefe

Hat man das Ufer eingemessen, wird es exakt ausgeformt. Liegt es zu hoch, wird sorgfältig Boden abgenommen, liegt es zu tief, wird Erdreich aufgefüttert und festgestampft. Ist schließlich alles fertig, sollte man das Ergebnis noch einmal kontrollieren.

Auch die Tiefe der ausgehobenen Teichzonen muss überprüft werden. Zu diesem Zweck spannt man wieder eine Schnur auf Uferhöhe quer über den Teich und misst mit dem Zoll-

---

Info

Denken Sie daran: Bei der Bestimmung der endgültigen Uferhöhe sind Auflagen für eine Randgestaltung bereits zu berücksichtigen. Soll zum Beispiel ein Plattenband das Ufer im Übergang zum Rasen begleiten oder der Rand mit einer Schicht Kies abgedeckt werden, ist der Wasserspiegel entsprechend tiefer anzusetzen. Ansonsten wirkt der ungewollte Absatz später wie aufgesetzt.

stock den Abstand zur Grubensohle. Zur Kontrolle wiederholt man den Vorgang an anderer/n Stelle/n. Mit dem Laser dirigiert man den Strahl auf eine auf dem Boden stehende Messlatte oder den Zollstock und liest das Ergebnis einfach ab.

Untergrund und Verlegen der Folie

Wenn die Teichgrube sorgfältig ausgearbeitet ist, wird sie noch einmal auf spitze oder scharfkantige Steine, alten Bauschutt, Wurzeln und was sonst die Abdichtung später verletzen könnte untersucht. Gehen Sie ruhig mit einer Harke durch den Boden, um wirklich auch die letzten Kleinigkeiten hervorzuholen. Zum Schluss wird der Untergrund geglättet und lockerer Boden mit einem Handstampfer gründlich festgeklopft.

Wie viel Folie wird benötigt?

Erst jetzt sollten Sie den **Folienbedarf ermitteln**. Änderungen in der Planung, die sich bis hierher oder sogar noch beim Aushub ergeben haben, spielen dann keine Rolle. Rechnerisch ergibt sich der Bedarf aus einer einfachen Formel. Sie brauchen drei Maße: die maximale Länge (L), die maximale Breite (B) und die größte Tiefe (T) der Grube. Hinzu kommt eine Zugabe (Z), 60–80 cm, für den Rand, um später das Ufer ausbilden zu können.

Die Rechnung ergibt:

Länge der Folie = L + 2 × T + Z,
Breite der Folie = B + 2 × T + Z.
Ein Beispiel: Die ausgehobene Grube ist maximal 5 m lang und an der breitesten Stelle misst sie 3 m. Der tiefste Punkt liegt bei 1 m. Für die Randzugabe sollen insgesamt 80 cm Folie vorgesehen werden.
Die Rechnung:
Länge der Folie:
5 m + 2 × 1 m + 0,80 m = 7,80 m,
Breite der Folie:
3 m + 2 × 1 m + 0,80 m = 5,80 m.
Die errechneten Maße können vor Ort noch einmal einfach überprüft werden. Dazu legt man eine Schnur konturengenau entlang des Grubenprofils, und zwar wieder der größten Länge und Breite nach. Die Längen der ermittelten Schnurabschnitte kann man dann an Bandmaß oder Zollstock ablesen. Die Zugabe für die Randausbildung nicht vergessen!

MEIN RAT

Vergessen Sie nicht 5–10 cm Überlappung pro Bahn zu berechnen, falls Sie die Folie selbst verschweißen möchten.

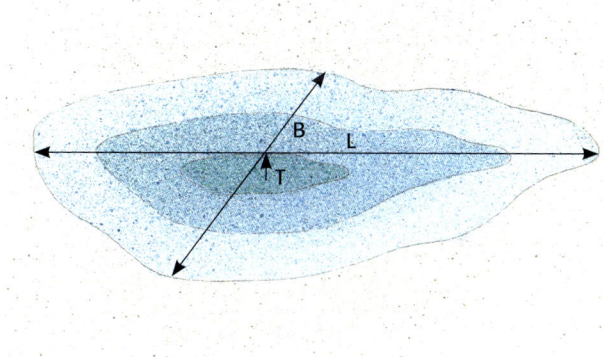

Zur Ermittlung des Folienbedarfs benötigte Werte: Länge, Breite (maximal, eben gemessen) sowie Tiefe.

Kompliziertere Teichformen mit größeren Ausbuchtungen oder stark geschwungenen Ufern etc. müssen auf alle Fälle in einem Raster aufgemessen werden. Man zeichnet den Teichumriss auf, ermittelt in regelmäßigen Abständen Längen und Breiten und trägt sie in die Skizze ein. Mit dieser Vorlage schweißt der Fachhandel das benötigte Folienstück zusammen und übernimmt dann auch die Garantie für die Nähte. Diesen Service sollten Sie annehmen. Wenn Ihre Nahtstellen später undicht sind, war alle Arbeit umsonst. Falls Sie die Dichtungsbahnen selbst verschweißen, richten Sie sich bitte ganz genau nach den Anweisungen des Herstellers. Sehr sauberes Arbeiten ist absolute Bedingung! Achten Sie bitte auch unbedingt auf Hinweise zur Gesundheitsvorsorge.

Vorbereitungen

Im nächsten Schritt wird **der Untergrund** für die Folie vorbereitet. Damit die Dichtung bei dem hohen Wasserdruck, dem sie ausgesetzt ist, von unten nicht beschädigt werden kann, kleidet man die Teichgrube mit 5 cm Sand aus. Bei einem felsigen, besonders steinigen oder sonst unebenen Untergrund kann die Ausgleichsschicht auch 10–15 cm stark sein. Der Sand wird sorgfältig festgestampft. Der Handel bietet reißfeste, verrottungsfreie Teichvliese aus Synthetik zum Schutz der Dichtung an. Sie können anstelle der Sandauskleidung oder als zusätzliche Sicherheit verwendet werden. Vor allem an steileren Ufern, wo der Sand nur schlecht hält, aber auch zum Schutz der Sandschicht beim Verlegen der Folie ist es auf jeden Fall einfacher, mit Vlies zu arbeiten. Je nach Beanspruchung kann man zwischen unterschiedlichen Materialstärken wählen. Das Vlies kommt von der Rolle und die Bahnen werden mit 10–15 cm Überlappung in der Grube ausgelegt.

Die Teichfolie auslegen

Für **das Auslegen der Teichfolie** braucht man am besten warmes Wetter, bei PVC-Folie we-

Die Auskleidung der Grube mit einem festen Teichvlies dient dem Schutz der Folie, vor allem wenn der Untergrund sehr uneben ist.

Für das Auslegen der Folie und das Glätten der Falten braucht man helfende Hände, etwas Kraft und manchmal auch Geduld.

nigstens 15 °C, damit das Material möglichst elastisch ist (siehe Seite 38). Je nach Teichgröße sind mehrere Helfer nötig: Das Material wiegt pro Quadratmeter weit über ein Kilogramm. Das zusammengelegte Folienpaket wird in den meisten Fällen von der Mitte der Teichgrube zu den Rändern hin aufgefaltet. Ist die Dichtung gerollt, wird sie vom Rand in Längsrichtung ausgerollt und weiter auseinander gezogen. Fragen Sie den Lieferanten, wie das Material am besten zu handhaben ist.

Wenn man geprüft hat, ob die Folie rundherum ausreichend übersteht, um später den Rand ausbilden zu können, wird sie mit den Helfern von allen Seiten so gerade wie möglich gezogen und dem Teichprofil so gut es geht angepasst. Falten in der Folie sind unvermeidbar. Man sollte nur versuchen, statt vieler kleiner Unebenheiten größere Falten zu legen und diese so glatt als machbar an die Wandung zu drücken. Das kostet manchmal richtig Mühe, denn die Dichtung ist schwer und unhandlich. Aber schließlich glättet auch der Wasserdruck noch so manche Falte. Jetzt sollte zumindest ein Teil des Teichs schon langsam mit Wasser gefüllt werden, damit sich die Dichtung unter Belastung setzen und an den Wänden anschmiegen kann sowie Falten im oberen Bereich nachgearbeitet werden können.

Kapillarsperre und Randausbildung

Es folgt ein sehr wichtiges Detail: Wesentlich für das Funktionieren einer Foliendichtung ist die Verarbeitung des Materials am Teichrand, zum Schutz der Folie und als Kapillarsperre. Unter einer **Kapillarsperre** versteht man die absolute Trennung zwischen Teich und angrenzendem Erdreich. In der Natur ist die oberste Bodenschicht dafür zuständig, Wasser für die Versorgung der Pflanzen bereitzustellen. Dazu wird es durch sehr feine röhrenförmige Hohlräume (Kapillaren) im Boden angesaugt und transportiert. Wenn das Erdreich also Kontakt zum Teich hat, zieht es das Wasser wie durch einen Strohhalm heraus. Dies geschieht in so erheblichen Mengen, dass Teichbesitzer oft glauben, sie hätten ein Loch in der Folie. Tatsächlich aber haben sie nur die Dichtung fälschlicherweise am Ufer im Boden eingegraben. Der Übergang ist nicht nur optisch, sondern im wahrsten Sinne des Wortes fließend gestaltet. Um diesen Fehler nicht zu machen, passiert häufig ein anderer. Die Folie wird erst einige Zentimeter über die Erde geführt, damit der Boden nicht ans Wasser reicht, bevor das Ende eingegraben wird. Dieser breite Wulst sieht nicht nur unschön aus und lässt sich schwer verbergen, auch die Folie leidet darunter, der Witterung ständig so direkt ausgesetzt zu sein.

Die ideale Kapillarsperre sieht deshalb folgendermaßen aus: Die Folie liegt flach mindestens 10 cm unterhalb der Uferlinie und wird dann erst senkrecht aufgestellt. Von der Wasserseite fixieren Kieselsteine oder Teichsubstrat, von der Gartenseite das Erdreich die Folie. Wenn nicht ohnehin die Feuchtzone das Ufer flach auslaufend erreicht, wird eine schmale Abflachung unterhalb der Uferlinie geschaffen, um dann die Dichtung aufzurichten. Jetzt kann man anhand der eingemessenen Höhenpunkte oder mit der Wasserwaage ein allerletztes Mal prüfen, ob sich der Teichrand ringsherum exakt in gleicher Höhe befindet.

Die überstehende Folie sollten Sie zu diesem Zeitpunkt höchstens einkürzen, damit bei Setzungen eine Reserve bleibt. Schneiden Sie die Folie erst einige Zeit nach der Bepflanzung des Teichs ringsherum 1–2 cm oberhalb des angrenzenden Erdreichs ab.

Für befestigte Ufer, zum Beispiel einen Plattenbelag auf der Terrasse oder einen Weg, braucht man eine stabile Randauflage. Dazu können Vlies und Folie oberhalb des Wasserspiegels über einen in Beton gesetzten Kantstein oder einen auf einem Betonfundament stehenden L-Stein (Winkelstein aus Fertigbeton) gezogen werden. Die Plattenreihe entlang des Ufers liegt zum Wasser mit einigen Zentimetern Überstand auf dem Kantstein/L-Stein auf und wird im Übrigen in Mörtel verlegt.

Für einen Terrassenbelag mit Holzbohlen oder einen Steg entlang des Teichrands wird die tragende Unterkonstruktion so außerhalb der Dichtung montiert, dass die Auflagehölzer mehrere Zentimeter über dem Wasserspiegel liegen. Diese werden mit einem Überstand aufgeschraubt, so dass die ganze Konstruktion optisch über dem Wasser schwebt.

Zur direkten Befestigung der Folie an einer Wand gibt es Anschlussprofile, die mit Schrauben befestigt und versiegelt werden.

Der Überlauf

Ob zu jedem Teich ein Überlauf gehört, hängt von den Gegebenheiten ab und muss individuell entschieden werden. In den meisten Fällen wird er wohl nicht gebraucht. Wenn aber der Teich am Hang oder direkt an der Terrasse liegt, die Gefahr besteht, dass das Ufer unterspült wird, Regenwasser ohne Zuflussregelung eingeleitet wird, seitens der Nachbarn Bedenken bestehen, sie könnten beeinträchtigt werden, oder man sich nur sicherer fühlt, macht es Sinn, einen Überlauf zu installieren.

Am einfachsten ist es, das Ufer an einer Stelle des Teichs geringfügig tiefer als die festgelegte Höhe zu ziehen und eine mit Kies gefüllte

Kapillarsperre am bepflanzten Ufer (links): Die Folie wird am Rand senkrecht aufgestellt.
Befestigtes Ufer (rechts): Die Dichtung liegt über einem betonierten Kantenstein.

Folienrinne daran anzuschließen. Dieser Graben mit einem vom Teich wegführenden Gefälle führt überlaufendes Wasser an eine Stelle, wo es schadlos im Boden, bei schwer durchlässigem Untergrund in einem mit Grobkies gefüllten Schacht versickern kann.

Aufwändiger und selten notwendig ist es, das überschüssige Wasser durch ein Rohrsystem abzuleiten, das zu einem Sickerschacht führt oder (wenig umweltfreundlich) an die Kanalisation angeschlossen wird. Das Rohr wird durch die Dichtung geführt und endet als senkrechtes Standrohr auf Höhe des maximalen Wasserspiegels. Die Öffnung sollte mit einem Netz überzogen werden, um das Einspülen von Tieren zu verhindern.

Einfüllen des Wassers

Nach Abschluss aller Arbeiten wird bei Bedarf das Substrat (siehe Seite 100) in die verschiedenen Pflanzzonen eingebracht. Vor oder zu Beginn des Einlassens des Wassers erfolgt die Bepflanzung (siehe ab Seite 103) der Tiefwasserzone, sofern man direkt ins Erdreich pflanzt. In Körben stehende Gewächse kann man auch später versenken. Zur Befüllung des Teichs stehen verschiedene Quellen zur Verfügung (siehe Seite 50). Mit Regenwasser ist es am besten und schwierigsten. Da heißt es sich bereithalten und abwarten. In den meisten Fällen aber ist das Leitungswasser der Stoff der Wahl. Für den Zulauf genügt in aller Regel der gute alte Gartenschlauch. Es wird also nur ein Wasseranschluss in erreichbarer Nähe zum Gartenteich gebraucht. Das Wasser sollte langsam und vorsichtig eingelassen werden, um kein Substrat aufzuwirbeln oder zur Abdeckung eingebrachten Kies wegzuspülen. Am besten benutzt man die Brause oder lässt es aus einem Eimer überlaufen. Je langsamer das Wasser einläuft, desto verträglicher auch für die Pflanzen, weil es sich schon etwas erwärmen kann. Flachwasser und Sumpf werden bepflanzt, bevor der Wasserspiegel sie erreicht.

Bei dieser Sperre werden Vlies und Folie über ein betoniertes Randband aus Kunststoff gezogen.

Langsam wird das Wasser in den Teich gelassen. Das Gewicht drückt die Folie fest an den Untergrund.

Der Einbau eines Fertigbeckens

Der Einbau eines kleineren Fertigbeckens ist die schnelle Art, einen Teich zu bauen. Wenn der optimale Platz und das passende Modell gefunden sind, kann es losgehen.

Das Anzeichnen und Ausheben der Teichgrube

Im ersten Schritt wird das Becken an seinem zukünftigen Platz aufgestellt und der Umriss mit Sand, dem Spaten, einem Schnurnagel oder einem langen Holzstock nachgezogen. Auch Höhenstaffelungen im Becken können soweit machbar kenntlich gemacht werden. Unter Zugabe von zirka 20 cm Arbeitsraum ringsum beginnen die Ausschachtungsarbeiten. Dabei sollten die Konturen des Teichbeckens so sorgfältig wie nur eben möglich ausgeformt werden. Je differenzierter der Zuschnitt des Beckens, desto kniffliger ist die Aufgabe. Die Aushubtiefe prüft man mit Hilfe einer auf dem Niveau des fertig gestalteten Ufers über der Grube gespannten Schnur. Das Maß ergibt sich aus der Beckentiefe plus 10 cm Schichtstärke für den Sandunterbau plus einiger Zentimeter Zugabe, falls eine Randgestaltung vorgesehen ist, zum Beispiel mit Kies, Platten oder anschließendem Rasen. Die Zugabe will wohl überlegt sein. Korrekturen sind bei einem eingebauten Becken nicht möglich (!), und es wirkt nicht gerade gelungen, wenn der Teichrand unbeabsichtigt einige Zentimeter über dem Bodenniveau steht.

Der Untergrund wird von Wurzeln, Steinen und spitzen Gegenständen befreit, geglättet und wenn nötig verdichtet. Der zum Schutz und als Ausgleichsschicht auf der Stellfläche notwendige Sand ist einzubringen, festzustampfen und muss mit der Wasserwaage abgezogen (geebnet) werden, damit das Becken einen ganz waagerechten Standplatz bekommt. Bei einer großen Standfläche legt man mit der Wasserwaage Dachlattenstücke waagerecht auf Höhe des fertigen Sandbetts und zieht darüber den Sand mit Hilfe des Richtscheits oder eines Brettes ab.

Für die Grube eines Fertigbeckens muss der Boden völlig plan sein.

Das Einsetzen des Beckens

Ist das Sandbett fertig, wird das Becken in die Grube gehoben und kontrolliert, ob die Tiefe stimmt und das Becken in Waage steht. Jetzt sind Korrekturen noch möglich. Bevor man seitlich anfüllt, wird der Teich zu einem Drittel mit Wasser gefüllt, damit er stabil steht und nicht aufschwimmt, wenn das Füllmaterial eingeschlämmt wird. Dies geschieht im letzten Schritt. Mit Sand, steinfreiem Aushubmaterial oder einer Mischung aus beidem wird die Grube ringsum verfüllt und dabei kontinuierlich Wasser aus dem Gartenschlauch eingespült, damit sich das Material dicht lagert und sich keine Hohlräume bilden können. Dazwischen ist immer wieder die waagerechte Position des Beckens zu überprüfen. Zum Schluss wird der Rand fertig gestellt, die Pflanzen eingesetzt und der Teich endgültig gefüllt.

MEIN RAT

Wenn Sie Ihren Teich aus der Leitung füllen, werfen Sie einen Blick auf die Wasseruhr. So wissen Sie später, wie viel Kubikmeter Inhalt er fasst, wenn Sie zum Beispiel ermitteln möchten, wie viele Fische für das Gewässer vertretbar sind.

Nach dem Einsetzen des Beckens wird geprüft, ob es in Waage steht. Auch während des Einschlämmens sind Alulatte und Wasserwaage die wichtigsten Werkzeuge.

Der Stoff, aus dem die Träume sind: das Wasser

Wasser ist **das** Element, das diese besondere Anziehungskraft besitzt, für das all der bauliche Aufwand betrieben wird, das den Garten um so vieles lebendiger macht. Möglichst klar soll es sein, um tiefe Einblicke ins Teichgetümmel zu haben, es soll die Versorgung der Pflanzen und Tiere sicherstellen, es soll – im wörtlichen Sinne – ein Stück gelungener Naturnachbildung widerspiegeln. Doch, wie kann es anders sein, es wäre zu einfach, wenn Wasser schlicht nur Wasser wäre. Wieder steckt mehr dahinter. Wasser in seiner reinen Form (H_2O) ist für die Vorgänge und Bewohner im Teich allein nicht einmal brauchbar. Es sind verschiedene Inhaltsstoffe, die für das Wachsen und Gedeihen sowie die Umsetzungsprozesse in einem günstigen Verhältnis dazugehören. Mehr über Ihr Wasser erfahren Sie beim Wasserversorger der Region oder mittels einer Laboranalyse.

Welches Wasser soll es denn sein?

Um den Teich zu füllen, kommen Regenwasser, Leitungswasser, Brunnenwasser oder ein naher See oder Bach als Quelle in Frage. Sollte tatsächlich **ein natürliches Gewässer** vorhanden sein, das mühelos »umgeleitet« werden könnte, ist eine Entnahme von Wasser auf jeden Fall vorab von der Unteren Wasserbehörde genehmigen zu lassen. Bevor man die Quelle jedoch anzapft, sollte man die Wasserqualität in Erfahrung bringen oder prüfen. Manches Wasser sieht leider klarer aus als es ist, und unerwünschte Einleitungen sind ebenfalls nicht sichtbar.

Gleiches gilt für **Brunnenwasser**, das zwischen sehr stark belastet und trinkbar schwanken kann. Es muss in seiner Zusammensetzung bekannt sein, bevor man es einleitet.

Am teuersten ist die Nutzung von **Leitungswasser**. Vor allem bei der Erstbefüllung rattert die Wasseruhr ordentlich. Aber es ist allerorts verfügbar und trotz unterschiedlicher Wasserqualitäten in den meisten Fällen für den Gartenteich brauchbar. Probleme kann es mit sehr

Einfache Test-Sets aus dem Fachhandel können zeigen, wie es um das »klare Wasser« tatsächlich bestellt ist.

hartem Wasser geben. Wenn möglich, sollte man es wenigstens zu einem guten Teil mit Regenwasser mischen.

Am preisgünstigsten: Regenwasser

Regenwasser ist die beste Alternative, steht für die Erstfüllung des Teichs allerdings wohl nur dem zur Verfügung, der über ein entsprechendes Sammelsystem verfügt. Um Wasserverluste auszugleichen, ist es auf jeden Fall der Stoff der Wahl und einfach zu bekommen: Im Fallrohr wird ein Zwischenstück mit Anschluss für den Gartenschlauch installiert. Darüber wird das Wasser direkt eingeleitet oder einem Auffangbehälter zugeführt.

Aber selbst Regenwasser ist nicht frei von Belastungen. Vermeiden kann man Einspülungen von Schmutz, der sich auf dem Dach abgelagert hat. Nach langen Trockenperioden wartet man 15 bis 20 Minuten ab und zapft das Regenrohr erst an, wenn der erste Guss die Dachfläche grob gereinigt hat. Wer die natürliche Quelle darüber hinaus noch aufbereiten möchte oder es laut Analyse sollte, hat zwei Möglichkeiten: eine spezielle Filteranlage im Fallrohr einzubauen oder ein Klärbecken vorzuschalten, das das Wasser passiert, bevor es über einen Zulauf in den Teich oder zur Vorratshaltung in eine Zisterne gelangt. In diesen Fällen kann man auf den Vorlauf nach Trockenzeiten verzichten.

Die richtige Temperatur

Egal aus welcher Quelle man einen Teich (nach-)füllt, wenn das Füllwasser sehr kühl oder wesentlich kühler ist als das Teichwasser, sollte man es schrittweise einlaufen und sich dazwischen erwärmen lassen, damit die Teichbewohner keinen Temperaturschock erleiden.

Hahn auf: Wasser aus der Leitung fließt überall reichlich und ist bis auf die Wasser-»Härtefälle« gut zu verwenden.

Regenwasser zu sammeln, lohnt sich. Es ist nicht nur zum Null-Tarif zu haben, sondern auch das beste Wasser.

Die Anlage von Bachläufen

Die Anlage eines künstlichen Bachlaufs verlangt eine ausführliche Planung sowie Geschick und oft eine Menge Geduld bei der Ausführung. Investieren Sie die nötige Zeit! Das Prinzip ist schnell erklärt: Eine Quelle an höchster Stelle ist der Ausgangspunkt. Sie speist den Bach mit Wasser, am Ende mündet der Lauf in ein Sammelbecken. Von dort wird das Wasser mit Hilfe einer Pumpe durch ein Rohr oder einen Schlauch unsichtbar zurück zum Ausgangspunkt befördert. Man spricht vom Umlauf des Wassers. Damit es fließt, braucht der Bach ein Gefälle.

Vorüberlegungen

Wie sollen **Quelle**, Bach und Mündung aussehen? Die Quelle kann unauffällig zwischen ein paar Steinen hervorplätschern oder selbst einen Akzent setzen: als Wasserfall oder besonders gestalteter Austritt wie eine Amphore oder Steinmaske. Die **Mündung** erfolgt in einen Teich oder ein separates Sammelbecken, dann scheint das Wasser an der Oberfläche zu versiegen. Das Volumen eines Sammelbeckens muss den gesamten Wasserbedarf fassen können. Dazu gehören die Wassermenge, die der Bach führt, der Vorrat in der Zuleitung sowie eine Reserve im Becken zum Betrieb der Pumpe und um Wasserverluste auszugleichen. Unspektakulär ist ein schlichter Überlauf zum Teich. Mit einer Kaskade setzt man noch ein kleines Ausrufezeichen ans Ende. Wirbel beim Übergang vom Bach in den Teich lassen jedoch viele Schwimmblattpflanzen kümmern. Nur große Anlagen vertragen einen spritzigen Zufluss, wenn die Gewächse dort stehen, wo sich das Wasser beruhigt hat.

Unterschiedliche Typen

Der Bachtyp ist vom Gelände abhängig. Ohne nennenswerte Höhenunterschiede lässt sich ein gemächlich fließender Lauf, ähnlich einem **Wiesenbach**, am besten verwirklichen. Schon 1–2 % Gefälle genügen, nur hier und da springt das Wasser über ein paar Steine. Ansonsten ist seine Kraft so gemäßigt, dass sich Pflanzen und Tiere im Wasser halten können. Bewegung bringen Veränderungen im Verlauf: Mal ist der Bach breiter, mal schmaler, bevor er eine Schleife macht und durchs Staudenbeet fließt.
Das Wasser wird umso quirliger und hörbarer, je differenzierter man das Bachbett gestaltet. Für Absätze und Kaskaden braucht man die nötige Höhe. **In Hanglagen** geht es nicht ohne Stürze, die Differenz zwischen höchstem und tiefstem Geländepunkt muss gemessen und auf Stau-

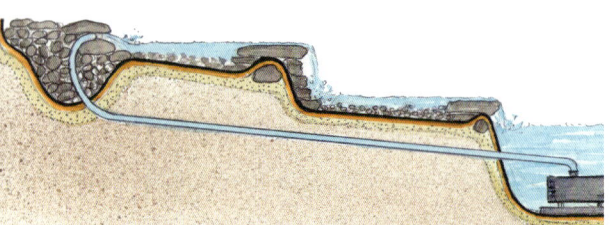

Bachlauf im Schnitt: Die Staustufen wurden unter der Dichtung vorbereitet und der Lauf mit Folie und Steinen ausgelegt. Der Wasseraustritt liegt verborgen.

stufen oder Wasserfall verteilt werden. Den Pflanzen bleiben die Stillwasserbereiche.

In den Garten eingliedern

Zunächst sollten Sie den Verlauf des Baches nach gestalterischen Vorstellungen und Vorgaben des eigenen Gartens grob festlegen. Die **Standortbedingungen** sind recht variabel. Nur Objekte mit Blühpflanzen im oder am Wasser brauchen mehrere Stunden Sonne. Einem Baum kann man mit einem eleganten Schwung ausweichen. Die Breite variiert im Verlauf, als grober Anhaltswert für ein durchschnittliches Mindestmaß kann man einen halben Meter annehmen. Die Länge ist völlig beliebig, je länger der Bach, desto mehr Gestaltungsmöglichkeiten hat man. Messen Sie, wie viel Höhenunterschied Ihr bewegtes Grundstück wirklich aufweist, das Auge täuscht bisweilen.

Damit es fließt und plätschert

Jeder Wasserlauf hat seine eigene Dramaturgie. Doch ob schnell oder langsam, 1–2 %, im Höchstfall auch einmal 6–8 % **Gefälle** auf kurzer Strecke genügen! Bei stärkeren Neigungen saust das Wasser durch sein Bett, schießt unter Umständen übers Ziel hinaus, Kies und Substrat können fortgespült werden, und bei abgestellter Pumpe fällt der Bach rasch trocken. Die **Fließgeschwindigkeit** wird über die Aus-

In der Ruhe liegt bekanntlich die Kraft. Dezente Farben und scheinbar stillstehendes Wasser bewirken diese Harmonie.

Die muntere Variante. Schnell und an den kleinen Stufen spritzig, nimmt der Bachlauf in diesem Beispiel seinen Weg.

stattung des Bachlaufs geregelt. Unterschiedliche Tiefen, Breiten und Hindernisse beschleunigen oder bremsen das Wasser, erzeugen von Abschnitt zu Abschnitt ein anderes Bild. Eine bestimmte Menge Wasser bewegt sich in einem immer gleichen Querschnitt gleich bleibend schnell. Verengt man diesen Querschnitt, muss das Wasser schneller fließen, um hindurchzukommen, erweitert man ihn, wird es langsamer. Wenn man das Bachbett also verbreitert und/oder vertieft, fließt das Wasser langsamer. Je größer die Vertiefung, desto ruhiger wird es. In solchen Staubereichen – Kolke genannt – können sich Pflanzen und Tiere ansiedeln. Ist die Pumpe nicht in Betrieb, bleibt genügend Wasser stehen. Auch für den Betrachter läuft der Bach auf diese Weise optisch nicht »leer«. Hindernisse wie etwa große Steine bremsen das Wasser ebenfalls, gleichzeitig muss es einen Umweg nehmen. Es kommt zu erwünschten Verwirbelungen, durch die das Wasser Sauerstoff aus der Luft aufnimmt. Hinter den Barrieren entstehen Stillwasserbereiche, die wiederum Pflanzen und Tiere nutzen. Engt man das Bachbett aber schon bei der Modellierung oder später durch Steine oder eine Pflanzinsel ein oder verringert mit einer Kiesschüttung die Tiefe, erhöht sich die Fließgeschwindigkeit, das Wasser wird lebendig, manchmal lauter.

Höhen überwinden

Bei größeren Höhenunterschieden lässt man das Wasser fallen. Ob **Einzelstufen, Kaskade** oder wilder **Wasserfall**, hier ist das nasse Element deutlich hörbar und sehr lebendig. Sturzhöhen von 50–60 cm sind ein reelles Maß, am Hang liegen sie auch höher. Die einzelnen Stufen einer Kaskade bekommen unterschiedliche Fallhöhen. Vor jeden Überlauf gehört eine Stauzone, in der sich die nötige Wassermenge erst einmal ansammelt, darunter eine Mulde als »Auffangbecken«. Läuft das Wasser an tieferen, engen Einschnitten über,

Bachquerschnitt und Fließgeschwindigkeit: Das Bachbett ist breit und tief, das Wasser kann gemächlich fließen.

Boden und Steine reduzieren die Breite, eine Kiesschüttung die Tiefe. Die Fließgeschwindigkeit des Wassers wird merklich schneller.

MEIN RAT

Denken Sie rechtzeitig an einen erreichbaren Stromanschluss für die Pumpe, einen gegebenenfalls benötigten Pumpenschacht sowie eine Wasserzuleitungsmöglichkeit. Ein Bachlauf verdunstet mehr Wasser als ein Teich, das Wasserreservoir ist häufiger aufzufüllen, daher kann die Installation eines automatischen Wasserstandsreglers eine sinnvolle Ergänzung sein.

wird es schneller, als wenn es über eine breite ebene Fläche fällt.
So wird der Bachlauf Stück für Stück geplant. Dazu kommen Überlegungen, ob und wo Übergänge oder Aufenthaltsmöglichkeiten geschaffen werden sollen (siehe Seite 16/17).

Materialien

Im Grunde stehen für den Bau eines Baches die gleichen Materialien wie für die Teichanlage zur Verfügung. Die **Folie** erweist sich auch hier als sehr flexible, individuell gestaltbare Lösung. Damit sie die Kurve kriegt, liegt die verwendete Materialstärke bei nur 0,5–1mm (schwere Auflasten durch zusätzliche Unterlagen sichern). Die zusätzliche Auskleidung des Bachbetts mit einer auf Seite 35 beschriebenen Steinfolie bietet sich vor allem bei kleinen, flachen Wasserläufen an, wenn die Folie nicht anderweitig abgedeckt wird. Im Übrigen gelten die ab Seite 34 zur Folie gegebenen Hinweise.

Vorgefertigte Modelle

Auch für den Bau von Bachläufen und Wasserfällen gibt es industriell produzierte **Fertigteile** aus Kunststoff. Aus mehreren Modulen entstehen entweder festgelegte oder in gewissem Rahmen beliebig zusammenstellbare Wasserläufe. Bachlauf-Sets sind komplett mit Auffangbecken und Pumpe zu haben. So genannte **Wasserschalen** sind nicht der Natur nachempfunden, sondern durch ihre Form und die darin erzeugte Wasserbewegung wirksam. In einigen Fällen gibt es in den Bachlaufschalen eingeformte Pflanztaschen fürs Grün. Ansonsten finden Gewächse nur außerhalb des Wasserlaufs Platz.

Bachläufe und Kaskaden in Modulbauweise sind einfacher und schneller anzulegen, als frei

Ein Bachlauf aus Fertigschalen. Bohrung und Schlauchanschluss am oberen Element lassen die »Quelle« sprudeln.

gestaltete Folienbäche. In einigen Modellen ist sogar das notwendige Gefälle bereits eingearbeitet. Aber mehr noch als bei den Fertigteichen ist man in der Gestaltung sehr eingeschränkt. Am besten sind die Elemente für kurze Bachläufe und kleine Kaskaden einsetzbar. Man sollte immer versuchen, das künstliche Aussehen mit einer guten pflanzlichen Einbindung zu entschärfen.

Ein Bach aus Fertigschalen

Mit **Fertigelementen** ist es am einfachsten, Wasser in Fluss zu bringen. Bei der Planung wurden Standort und Verlauf bestimmt. Legen Sie die Elemente vor dem Einbau an Ort und Stelle provisorisch aus und prüfen Sie, ob die Anordnung im Gesamteindruck überzeugt oder sich vielleicht noch Korrekturen ergeben.
Als Erstes wird **das Auffangbecken** geschaffen, wenn nicht ohnehin ein Teich vorhanden ist oder das unterste Modul gleichzeitig als Wasserreservoir dient. Ein kleines Fertig- oder Folienbassin erfüllt diesen Zweck ebenso wie ein versenktes Sammelbecken mit Abdeckung und Stein- oder Kiesauflage, in der das Wasser optisch versickert.
Wer höher hinaus möchte, beginnt mit dem notwendigen **Bodenauftrag**. Der Verlauf wird grob vormodelliert und das angeschüttete Erdreich sehr sorgfältig verdichtet.
Der Einbau der Schalen erfolgt von unten nach oben. In gut modellierbarem Erdreich können sie in der Regel einfach standfest aufgestellt werden. Bei sehr harten oder unebenen Untergründen empfiehlt sich eine Ausgleichsschicht aus Sand. Die Aufstellfläche eines jeden Moduls ist sehr sorgfältig vorzubereiten: Sie muss völlig waagerecht sein, wenn das Gefälle bereits in den Elementen vorgegeben ist, Fertigteile ohne eingearbeitete Neigung werden mit einem

Nach dem gleichen Prinzip wie auch große Fertigteiche aus Einzelelementen zusammengesetzt werden, gibt es größere Bachläufe im Baukastensystem.

Die Abschnitte werden vor Ort verschraubt und abgedichtet. Ist der endgültige Verlauf festgelegt, erfolgt der Einbau.

leichten Gefälle gesetzt. Die Module haben Steckverbindungen oder werden mit ausreichendem Überstand aufeinander gestellt, damit ist die Dichtigkeit gewährt. Mit dem Wasserschlauch wird der korrekte Einbau geprüft. Parallel zum Bach wird in einem flachen Graben der Schlauch geführt, durch den das Wasser mit Hilfe einer Unterwasserpumpe im Auffangbecken von dort wieder zur obersten Schale befördert wird. Jetzt kann der Bach je nach Modell bepflanzt, mit Kies bestückt und das Umfeld gestaltet werden.

Ein schlichter Folienbach

In einer einfachen Version für kleine Folienbäche wird das Bachbett zwischen Quelle und Mündung gleichmäßig kastenförmig angelegt. Die Fließrinne hebt man in gleich bleibender Breite von mindestens 1 m und 30–40 cm Tiefe mit einem Gefälle von 1–2 % aus und verlegt darin die Folienbahn auf Sand oder Vlies. Der Verlauf des Baches wird innerhalb der Abdichtung modelliert. Durch das Einbringen einer unterschiedlich dicken Kiesschicht, seitlich angeordneten Pflanzinseln und größeren Steinen als Hindernissen kommt auch optischer Schwung in die monotone Rinne. Damit Gewässer und Gewächse bei abgestellter Pumpe nicht austrocknen, werden kleine Stauwasserzonen vorgesehen. Eine quer zur Fließrichtung senkrecht eingeschweißte, von größeren Steinen kaschierte Sperrfolie staut das Wasser, bis es über die Schwelle tritt.

Ein Fließgewässer aus Folie

Im ersten Schritt wird der geplante Verlauf mit Aufweitungen und Engstellen weitestmöglich ins Gelände übertragen. Wenn der Bach nicht ohnehin in einen vorhandenen Teich mündet, muss ein solcher oder ein anderweitiges Sammelbecken geschaffen werden. **Die Modellierung** des Baches geschieht in Handarbeit. Der Verlauf, Höhenabsätze, Staustufen und Kolke, Verengungen und Aufweitungen des Bettes werden Abschnitt für Abschnitt ausgeschachtet oder aufgebaut und geformt. In der Regel arbeitet man sich »gegen die Fließrichtung« von der Mündung zur Quelle hoch. Das Mündungsniveau steht mit dem Gartenniveau oder durch einen bestehenden Teich meist fest, während die Quelle noch variabel angelegt werden kann. Trotzdem ist bereits jetzt sorgfältig mit den Höhen umzugehen, die in der Planung für den Verlauf und Überfälle ermittelt wurden. Je mehr feststehende Geländepunkte es gibt, desto ge-

Das Ergebnis steht einem kleinen, frei geformten Folienbach nicht nach. Größe und Bauart räumen sogar Pflanzen etwas Raum ein.

Info

Während der Erdarbeiten werden auch die notwendigen Leitungen verlegt, also gegebenenfalls ein Stromanschluss für die Pumpe (vom Elektriker!) geschaffen und Schlauch oder Rohr für den Rücktransport des Wassers auf möglichst geradem Weg in einem kleinen Graben vom Auffangbecken zum Quellort geführt.

nauer muss Maß genommen, Boden auf- oder abgetragen werden. Gegenüberliegende Uferlinien sind selbstverständlich immer höhengleich. Wenn der natürliche Geländeanstieg fehlt, kann ausgehobenes Erdreich bachaufwärts gleich wieder angeschüttet und eingebaut werden.

In den Bachverlauf arbeitet man das benötigte **Gefälle** ein. Beträgt es 2%, muss das Bodenniveau auf 1 m Bachlänge um 2 cm fallen. Fällt es stärker, wird Boden auf-, umgekehrt abgetragen. Dies kann man mit der Wasserwaage oder dem Richtscheit und einem Zollstock messen.

Die Tiefe des Bachbetts ist je nach Funktion unterschiedlich. Für den Wasserfluss genügen 3–10 cm Wasserstand, in Anstau-, Auffang- und tieferen Stillwassermulden können es 20–40 cm sein. Hinzu kommt gegebenenfalls die Stärke für eine abdeckende Kiesschicht oder Steinfolie. Der Bachrand sollte zirka 15 cm über dem Wasserspiegel enden, damit das Wasser sich bei einem Anstau oder starker Wellenbildung seinen Weg nicht seitlich sucht. Die Dicke von Folie und Schutzvlies kann man vernachlässigen. Ist allerdings Sand oder Magerbeton als Unterbau vorgesehen (siehe unten), sind diese Schichtstärken der Aushubtiefe hinzuzurechnen.

Im **Feinplanum** werden noch einmal die erforderlichen (Ufer-)Höhen genau kontrolliert, der Untergrund von Steinen und Wurzeln befreit, geglättet und verdichtet. Ein unebener oder steiniger Grund kann mit einer 5–10 cm starken Sandschicht ausgeglichen werden. Ist der Boden sehr locker und lässt sich nicht standfest verdichten, sollte das Bachbett mit einer Schicht Magerbeton B15 ausgekleidet werden. Nach ihrem Austrocknen kann die Folie verlegt werden.

Staustufen und Höhensprünge

Staustufen lassen sich in unterschiedlicher Art und Weise herstellen. In gewachsenem (festem) Boden wird man sie direkt im Erdreich großzügig vormodellieren, um sie dann auf der Folie nach natürlichen Vorbildern mit Steinen

Für einen kleinen Wiesenbach genügt es, das Bachbett kastenförmig anzulegen und den Verlauf über die Innenausstattung mit Pflanzinseln und Steinen zu gestalten.

dekorativ auszukleiden. Kleinere Höhensprünge werden auch direkt auf der Folie aus einigen größeren Steinen gemauert oder aufgeschichtet und das Wasser mit Hilfe einer Folienschürze über die Steine geführt. Der Bach staut sich, bis er über das Hindernis plätschern kann.

Eine schlichte, wenig Platz beanspruchende Variante zum Bau von Wasserstufen wird vor dem Einbau der Folie vorbereitet. Dazu errichtet man an der gewünschten Überlaufstelle eine schmale Barriere. Dies kann zum Beispiel ein senkrecht eingebauter Beton-Kantenstein sein. Die Oberkante entspricht der Überlaufhöhe – falls vorgesehen, abzüglich der Stärke einer dünnen Steinplatte oder einer sonstigen Abdeckung. Die Folie wird über die Konstruktion gezogen. Diese einfache, unauffällige Bauweise eignet sich vor allem für flache Überfälle in kleineren, ruhigen Gewässern. In angeschüttetem Boden gibt sie den Absätzen Halt.

Denken Sie daran, dass bei allen Lösungen auch die Wangen, also die seitlichen Begrenzungen der Stufen entprechend hochzuziehen sind, damit das Wasser dort nicht unerwünscht abfließt. Wenn das Wasser nicht zwischen einigen Steinen über den Absatz plätschern, sondern über eine aufgelegte Stufenplatte fließen soll, darf die Fuge zwischen Folie und Platte nicht wasserdurchlässig sein. Die Platte liegt im Übrigen völlig in Waage, steht einige Zentimeter über und hat eine schmale Rille, die so genannte Tropfnase, auf der Unterseite, damit der Wasserschleier wirklich gleichmäßig fällt.

Die Abdichtung

Nach Abschluss der Vorarbeiten erfolgt die **Abdichtung** des Gewässerbetts. Der **Folienbedarf** wird wie schon beim Teich am besten mit einer

Info

Wird Boden für den Bach- oder Wasserfallbau angeschüttet, sorgen Sie für eine wirklich gründliche, schichtweise Verdichtung, besonders der Ränder! Spätere Setzungen können das Gefälle verändern oder ungewollte Wasserübertritte an den Ufern schaffen.

Schnur ermittelt, die in Breite und Länge konturengenau durchs Bett gelegt wird. Bemessen Sie die Folie in der Breite nicht zu knapp. Nach Fertigstellung soll die Kapillarsperre 15 cm über dem Wasserspiegel stehen, außerdem brauchen Sie 20–30 cm Zugabe für die Arbeiten und zur Sicherheit.

Bei einem relativ geradlinigen, kurzen Verlauf kann man mit einer Folienbahn von der Rolle auskommen. Lange oder kompliziertere Verläufe mit mehreren Windungen dichtet man abschnittsweise. Dementsprechend verlängern sich die einzelnen Folienstücke um das Maß der notwendigen Überlappung. Theoretisch wäre das Bett mit sorgfältig übereinander gelegten Abschnitten dicht. Trotzdem ist das Verkleben oder Schweißen der Folie durch Sie oder einen Fachmann vor Ort unbedingt ratsam. Überlappungen erfolgen immer mit der Fließrichtung, also arbeitet man am besten wieder von unten nach oben, dichtet also als Erstes den Übergang zum Auffangbecken oder Teich.

Zunächst wird bei Bedarf eine **Sandschicht** eingebracht und verdichtet, dann ein **Schutzvlies** ausgelegt und darauf die **Folie** ausgebreitet. Zur

Erinnerung: Die Verlegearbeiten finden bei frühlingshaften Temperaturen statt, damit das Material geschmeidig ist. Die Folie wird dem Bachbett möglichst genau angepasst, Falten legt man so glatt es geht. Mit Steinen lässt sich die manchmal sperrige Dichtung an schwierigen Absätzen fixieren. Gegebenenfalls werden Folienschürzen zur Überlaufregelung an Staustufen großzügig angeschweißt. Ein erster Probelauf mit dem Gartenschlauch als Quelle prüft Verlauf und Dichtigkeit.

Den Bach einrichten

Mit der **Innenausstattung** erhält der Wasserlauf nun seinen endgültigen Charakter, Farbe und Form des Natursteins sowie die Menge verwendeter Steine prägen das Aussehen. Mehr Steine bedeuten immer auch eine größere Dominanz der Anlage. Schauen Sie aber, dass die Proportionen zur übrigen Gartengestaltung gewahrt bleiben. Legen Sie sich auf einen **Gesteinstyp** fest, das wirkt harmonischer.

Kanten und Spitzen von Bruchsteinen dürfen sich nicht in die Folie drücken, notfalls schützt man die Dichtung mit einem zusätzlich untergelegten Folienstück oder Schutzvlies.

Die Einrichtung kleiner Bäche besteht oft aus Kies unterschiedlicher Körnung zur Folienabdeckung sowie einigen größeren Steinen zur Gestaltung. Zunächst werden die großen Brocken im Bach und am Ufer platziert, dann die Füllung ergänzt.

Sind Staustufen vorbereitet oder vorgesehen, werden auch sie jetzt aufgebaut und das Bachbett, falls gewünscht, mit Steinen ausgekleidet. Probieren Sie: Schauen Sie, wie die Anordnung optisch wirkt, und testen Sie in Probeläufen mit dem Schlauch, wie die Steine das Fließverhalten beeinflussen. Denken Sie an Trittsteine (zusätzliche Folie als Schutz unterlegen!) sowie

Schon bei der Formung des Bachbetts wurde die Stufe vorgeformt, die nun auf der Folie mit Steinen aufgemauert wird.

Die Folie ist verlegt, der Bach mit Kieseln ausgestattet. Jetzt muss ein Probelauf zeigen, ob wirklich alles passt.

einen größeren flachen Sitzstein an einem interessanten Platz, damit Sie ihr Werk dort später genießen können. Die Quelle in Form einer Steinschüttung, eines Quelltopfs oder jeder beliebigen anderen Ausführung wird nun ebenfalls errichtet.

Abschlussarbeiten

Wenn's läuft, ist die **Kapillarsperre** an der Reihe. Dazu stellt man die Folienränder wie beim Teichbau senkrecht auf. Vom Ufer her wird hinterfüllt und verdichtet, damit die Folie nicht absackt oder das Wasser sie wegdrückt. Das gilt besonders für Außenkurven, die man mit ein paar Steinen auf der Uferseite zusätzlich sichern kann. 15 cm über dem Wasserspiegel wird die Folie, allerdings erst einige Zeit nach Inbetriebnahme der Anlage, abgeschnitten und vom Ufergeschehen verborgen.

Es folgt die **Montage der Pumpe** in Teich oder Auffangbecken, die endgültige Verbindung von Zulauf und Quelle sowie die **Probe** aufs Exempel im Pumpenbetrieb, damit unerwünschte Wasserwege noch korrigiert werden können. Wenn Pflanzen im Wasser vorgesehen sind, füllt man Pflanzsubstrat in Stauzonen und Stillwasserbereiche, ansonsten kann das Bachbett mit Kies oder gebrochenem Naturstein abgedeckt werden. Ein letzter Probelauf zeigt, ob sich Kiesbett und Fließgeschwindigkeit ergänzen. Erst im allerletzten Schritt wird gepflanzt und die endgültige Ufergestaltung angegangen.

Der Aufbau eines Wasserfalls

Der Reiz ist umso größer, je tiefer das Wasser fällt. Steile Abstürze sind deshalb beliebt. Wahren Sie trotzdem die Proportionen, Ihr Fall fällt sonst gnadenlos durch.

Mit Steinen in die Höhe gehen

Der Aufbau ist aufwändiger als der von Staustufen. An der Stelle, wo der Wasserfall errichtet werden soll, braucht man zunächst ein Fundament, entweder eine verdichtete Schotterpackung für kleine Fälle oder eine frostfreie Gründung aus Beton für die großen. Die Folie für die Dichtung verläuft zwischen Kaskade und Fundament und wird rückseitig hochgezogen. Wegen der hohen Auflast kann man die Folie durch zusätzliches Vlies oder untergelegte Folienstücke besonders schützen.

Große, abgeflachte Steine lassen sich am besten aufeinander setzen. Sie verspringen, einige stehen vor und sind leicht geneigt, damit das Wasser in Etappen stürzt. Wenn es der Umfang zulässt, machen Sie sich die Mühe, die Steine zunächst trocken aufzuschichten. So kann man sie drehen und umsetzen, bis der Wasserfall »wie gewachsen« aussieht. Die Steine werden aufgemauert und bekommen eine Rückenstütze aus Beton. Vor Inbetriebnahme muss der Baustoff trocken und erhärtet sein. In einem Hanganschnitt können die Steine möglicherweise direkt in das angegrabene, sonst standfeste Erdreich gesetzt und auf eine Betonhinterfüllung verzichtet werden.

Ist die Kaskade nicht in einen Wasserlauf integriert, wird die Zuleitung für den Betrachter unsichtbar durch die oberen Steine geführt. Am Fuß plätschert das Wasser in ein Auffangbecken oder in einen vertieften Stillwasserbereich, damit es sich etwas beruhigen kann. Die Pumpenleistung muss dem Objekt entsprechen (siehe Seite 67).

Die Technik

Wenn Wasser auf Trab gehalten wird, der Teich trotz intensiver Zierfischhaltung klar ist, sich in der Dämmerung Nebel über dem Biotop bildet und abends magisches Licht den Wassergarten der Dunkelheit noch für ein Weilchen entreißt, dann steckt Technik dahinter. Mit dem Wissen um die Funktionen von Pumpe, Filter & Co. sowie einer guten Fachberatung eröffnen sich endlose Möglichkeiten.

Wasser und Strom

Jeder weiß, wie gefährlich die Mischung von Wasser und elektrischem Strom ist. Beim Kauf sollte man unbedingt auf Prüfzeichen (TÜV-, GS-, VDE-Zeichen) achten, die für anzuwendende Sicherheitsstandards der Geräte stehen.

Alle Elektroinstallationen (Zuleitungen, spritzwassergeschützte, möglichst abschaltbare Steckdosen) sollte man von einem Elektriker ausführen lassen.

Leitungen werden in Kabelschutzrohren verlegt; ihre Lage im Boden wird in einem Plan verzeichnet und gegebenenfalls fotografisch festgehalten. Für Pumpen sind 10 m Spezial-Anschlusskabel vorgeschrieben. Die haushaltsübliche Verlängerungsschnur hat im Außenbereich nichts verloren. Beschädigte Elektrokabel müssen sofort aus dem Verkehr gezogen werden.

Trotz aller Sicherheitsbestrebungen muss es beim Betrieb von 230-Volt-Anlagen einen Fehlerstrom-Schutzschalter (FI-Schalter) geben. Er misst die Differenz von zu- und abfließendem Strom, und schon bei einem geringen Fehlerstrom von 30 Milliampere springt die Sicherung raus. Ist der betreffende Stromkreis nicht schon im Haus über einen FI-Schalter gesichert, kann eine einfache und unproblematische Nachrüstung zwischen Steckdose und Gerät vorgenommen werden.

An Pumpen und sonstigen stromführenden Geräten darf nicht manipuliert und die Geräte nur im Rahmen des bestimmungsgemäßen Gebrauchs (z. B. zur Reinigung) geöffnet werden, wozu meist ausdrücklich kein (!) Werkzeug benötigt wird. Alle Geräte werden ausgeschaltet und der Stecker gezogen, bevor man sie in die Hand nimmt. Nie am Kabel ziehen! Defekte Geräte oder Installationen unbedingt umgehend richten lassen. Reparaturen gehören in die Hände eines Fachmanns.

Info

Wer ganz auf Sicherheit setzen möchte, hat zwei Möglichkeiten. Viele Leuchten und einige Pumpen können mit **Niedervoltspannung** betrieben werden. Zu diesem Zweck wird ein Transformator zwischengeschaltet, der die Netzspannung auf ungefährliche 12 oder 24 Volt reduziert.
Mit der Kraft der Sonne betriebene Pumpen und Leuchten sind die andere Alternative zu Elektroanlagen. Man benötigt keinen Stromanschluss, die Energie ist kostenlos und ungefährlich.

Ein kleines Wasserspiel wird leicht von der Sonne betrieben. Zubehör: Solarmodul, Teichfigur, Pumpe, Filterwürfel.

Pumpen, die etwas bewegen

Ohne Pumpe läuft es nicht. Wo immer Wasser lebendig wird, steckt die Technik, genauer eine Pumpe dahinter. Für den Einstieg ist ein Überblick hilfreich, wie die Pumpen arbeiten, sich unterscheiden und wo ihr Einsatzschwerpunkt liegt. Ausschlaggebend sind die Leistung einer Pumpe, die sie unter bestimmten Bedingungen erbringt, und die Faktoren, die sie beeinflussen.

Pumpenarten

Grundsätzlich gibt es Garten- und Teichpumpen. **Gartenpumpen** saugen das Wasser selbsttätig an und fördern es mit hohem Druck nach oben. Sie arbeiten trocken, bringen hohe Leistungen, bewegen also große Wassermengen, aber sie verbrauchen relativ viel Strom und sind lauter, eine unerwünschte Begleiterscheinung am murmelnden Bach. Ihre Einsatzgebiete sind deshalb die Beregnung sowie Brunnen- und Grundwasserförderung. Im Wassergarten spielen sie kaum eine Rolle.

Teichpumpen sind nicht selbstansaugend. Sie drücken das einströmende Wasser mittels eines »Schaufelrades« gegen das Gefälle nach oben. Dabei arbeiten sie geräuscharm und sind auf Langlebigkeit und Dauerlauf bei geringem Energiebedarf ausgerichtet. Es handelt sich überwiegend um zwei Typen. Mit günstigen Magnetkernpumpen kann man kleinere Wasserspiele betreiben. Die robusteren Kreiselpumpen hingegen erbringen höhere Leistungen, mit ihrem Antrieb kommen Filter, Bachläufe, Wasserfälle und die größeren Wasserspiele auf Trab.

Der Standort

Den Standort betreffend unterscheidet man Universal- und **Unterwasserpumpen**. Eine Pumpe im Wasser zu betreiben, ist die einfachste Art der Installation (siehe Aufstellung). Obwohl wenige Zentimeter Abdeckung für einen reibungslosen Betrieb genügen, sollte sie so tief stehen, dass sie auch bei stärkeren Wasserspiegelschwankungen nicht trocken läuft, sonst brennt sie innerhalb kürzester Zeit durch. Zur Sicherheit kann ein Schwimmschalter eingebaut werden. Er schaltet die Pumpe automatisch ab, wenn der Pegel bedrohlich fällt. Empfehlenswert ist ein Standort im mittleren

Pumpen bringen Bewegung ins Wasser und eröffnen neue Gestaltungsmöglichkeiten.

Teichbereich, mit ca. einem halben Meter Wasserstand. Dort steht das Gerät selbst auf einem Sockel. Bei bestimmungsgemäßer Handhabung geht keine Gefahr von diesen Pumpen aus. Der Motorblock und alle Strom führenden Teile sind mit Gießharz vergossen und kommen nicht mit Wasser in Berührung.

Wenn eine Teichpumpe sowohl im als auch außerhalb des Wassers betrieben werden kann, spricht man auch von einer **Universalpumpe**. Außerhalb bringt man sie in einem trockenen Pumpenschacht nahe des Teichs unter. Da sie nicht selbstansaugend sind, muss der Schacht so tief sein, dass sich die Pumpe unterhalb des Wasserspiegels befindet. Ein Schlauch vom Teich zum Gerät führt der Pumpe das Wasser zu. Während die Installationen mit Schachtanlage und Anschluss aufwändiger sind, ist die Technik dort für Wartungsarbeiten leichter zugänglich. Auch wer ein Strom führendes Gerät nur ungern im Wasser weiß, betreibt seine Pumpe eben in einer trockenen Kammer. Für einen Badeteich versteht sich die Maßnahme von selbst.

Die Leistung

Jede Pumpe bringt eine bestimmte, von den Herstellern genannte **Leistung**: Sie verfügt über eine maximale Fördermenge, die in Litern pro Stunde (l/h) oder Minute (l/min) angegeben ist, und über eine bestimmte maximale Förderhöhe, als Meter/Wassersäule (m/Ws) bezeichnet. Weil aber eine maximale Leistung immer nur dann erbracht wird, wenn die andere (Gegenkraft) auf 0 sinkt, also je höher die Pumpe fördern muss, desto weniger Wasser nimmt sie mit (bei einer maximalen Förderhöhe ist die Fördermenge immer = 0 und umgekehrt), muss für einen zufrieden stellenden Betrieb das passende Verhältnis gefunden werden. Dafür gibt es Pumpenkennlinien, auch Leistungsdiagramme genannt. Sie sind auf jeder Verpackung abgedruckt und machen ablesbar, welche Literleistung (Menge auf der waagerechten Leiste) bei welcher Förderhöhe (senkrechte Leiste) erreicht wird. Hier kann man dann auch sehen, welche Pumpe den gewünschten Anforderungen entspricht.

Auch der so genannte **Reibungswiderstand** spielt eine Rolle. Damit meint man den Leistungsverlust während des Wassertransports durch den Schlauch, der vor allem auf einer langen Distanz zum Tragen kommt. Ein größtmöglicher Schlauchquerschnitt und eine mög-

Pumpenleistung in l/h

		Bachlauf-/Wasserfallbreite			
	cm	30	40	50	60
Bachlauf-/Wasserfallhöhe	400	15000	15000	20000	20000
	350	11000	15000	15000	20000
	300	8800	11000	11000	15000
	250	8800	8800	8800	11000
	200	6600	8800	8800	8800
	150	6600	6600	8800	8800
	100	6600	6600	8800	8800
	50	3300	4400	6600	6600

Anhand einer Leistungstabelle kann man ablesen, wie stark eine gesuchte Pumpe sein muss (Berechnung gegenüberliegende Seite).

lichst direkte, geradlinige Verbindung von der Pumpe zum Wasseraustritt reduzieren den Widerstand deutlich.

Die Pumpenleistung errechnen

Bemessungsgrundlage für Bachläufe und Wasserfälle ist ihre maximale Breite. Pro cm Breite benötigt man am Wasseraustritt etwa 100 l/h. Die errechnete Wassermenge/h setzt man dann anhand einer Leistungskurve oder einer Tabelle in Beziehung zur Förderhöhe und liest die tatsächlich benötigte Pumpenleistung in l/h ab. Beispiel: Bachlaufbreite = 50 cm, Höhenunterschied Teich/Pumpe bis Quelle = 2 m. Damit an der Quelle 5000 l/h ankommen, muss die Pumpe laut Tabelle eine Förderleistung von 8800 l/h erbringen.

Bei einem Quellstein werden nur zirka 60 l/h pro cm Steinbreite gebraucht. Beispiel: Ein Mühlstein mit 60 cm Durchmesser benötigt 60 cm × 60 l/h = 3600 l/h. Soll das Wasser über mehrere Findlinge strömen, ist die Breite aller Steine zusammen maßgeblich.

Für einen Wasserspeier ist die Höhe der Figur ausschlaggebend. Betreibt man mit einer Pumpe mehrere Figuren, werden die Einzelleistungen zu einer Gesamtleistung addiert. Im Zweifelsfalle ist es immer ratsam, ein Gerät mit höherer Leistung zu wählen. Man kann eine Pumpe drosseln, aber ihre Leistung nicht überschreiten. Was aber nicht bedeutet: je stärker die Pumpe, desto besser. Denn ihre Lebensdauer ist auf stetes Laufen bei möglichst voller Leistung ausgerichtet. Fertigen Sie am besten eine Skizze Ihres Vorhabens mit den nötigen Maßen an: Teichgröße, Länge, Breite, Tiefe, Gefälle und Höhenunterschied eines Bachlaufs sowie Ausmaße und geplanter Aufbau eines Wasserspiels. So können Sie sich im Fachhandel gezielt beraten lassen.

Aufstellen und Pflege

Pumpen müssen sicher stehen, am besten auf einem Sockel, um zu verhindern, dass Ablagerungen angesaugt werden. An der Ausströmöffnung der Pumpe wird der wasserführende Schlauch mit dem passenden Gewindestück angeschlossen. Bewährt haben sich Spiralschläuche, weil sie robust sind. Obwohl die Pumpen wartungsarm sind, sollte man sie bei einem Leistungsabfall sofort, sonst zwei Mal jährlich reinigen. Vorfilter regelmäßig spülen! Viele Pumpen können an Wintertagen in frostfreier Tiefe im Wasser belassen werden. Da sie jedoch oft flacher stehen und eine Generalreinigung zum Ende der Saison ohnehin anliegt, ist es ratsam, Teichpumpen vor dem Frost aus dem Wasser zu holen, zu säubern, auf Schäden zu untersuchen und sie in einem sauberen, wassergefüllten (!) Gefäß zu überwintern. Im Frühjahr prüft man alle Funktion und setzt die Pumpe wieder ein.

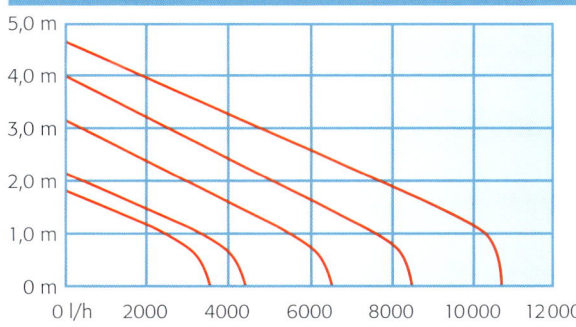

Die Pumpenkennlinien von fünf Modellen zeigen, wie viel Wasser die Geräte bei einer bestimmten Höhe tatsächlich noch fördern können.

Betriebsame Wasserspiele

Kleine Wasserspiele, aber auch Speier, Brunnen und Quellsteine sind die einfachste Art, bewegtes Wasser im Garten zu installieren.

Aufbau

Der Aufbau eines Wasserspiels beginnt mit dem Einbau eines Wasserbehälters für den Umlauf. Hierfür werden Kunststoffbecken plus Abdeckplatten mit vorgefertigten Bohrungen für die Anschlüsse angeboten. Bei einem Komplett-Set gehören Zubehör und passende Pumpe dazu, das Spritzbild kann ausgesucht werden. Die meisten Becken überstehen den Winter wassergefüllt, nur die Pumpe muss frostfrei gelagert werden (siehe Seite 67).

Frei konstruiert

Es geht auch im Eigenbau. Das Auffangbecken muss breiter als das Wasserspiel sein, damit alles überlaufende Wasser zurück ins Reservoir und nicht daneben fließt. Bei einem Wasserspiel mit Springstrahlen sollte die Sammelgrube den doppelten Durchmesser der Spritzhöhe haben, sodass bei Wind kein Wasser verweht und außerhalb versickert. Eine Beckentiefe von 30–40 cm genügt meist. Nach dem Aushub wird der Rand mit Kant- oder Winkelsteinen aus Beton stabilisiert und die Grube mit Folie ausgekleidet. Im Metallbau wird ein tragfähiges Stahlgitter in den Ausmaßen des Beckens mit notwendigen Aussparungen für die Technik besorgt. Es sollte eine Eingriffsmöglichkeit haben, um an die Pumpe zu gelangen.

Frei angelegtes Auffangbecken mit Sprudelstein im Schnitt. Die Folie liegt über betonierten Winkelsteinen, der Quellstein auf einem Gitter.

Wenn erst einmal das Auffangbecken und alle nüchterne Technik eingebaut und versteckt sind, wird's schön.

Ausstattung

Nun wird zunächst die Pumpe (auf einem Pumpensockel) eingesetzt, die Anschlüsse vorbereitet, dann das Metallgitter auf die tragenden Kanten gelegt und Schlauch oder Steigrohr sowie das Anschlusskabel durchgeführt. Es folgt der Aufsatz einer Wasserspieldüse oder der Aufbau von Quellstein(en) oder jedes anderen Wasserspeiers. Dabei wird der wasserführende Schlauch unsichtbar durch eine vorgefertigte Bohrung im Stein oder in das Element geführt, aus dem das Wasser hervorquellen soll. Ein Spalt zwischen Schlauch und Material wird abgedichtet, sonst geht Wasser verloren. Nach dem Füllen des Wasserreservoirs, dem Einstecken des Pumpenkabels und einem Probelauf versteckt man die freie Gitterfläche unter einer Schicht kleinerer und größerer Kiesel, durch die das Wasser zurückfließen kann, und gestaltet das Umfeld.

Zubehör

Welche Annehmlichkeiten und Zugaben steuert die bewegende Wassertechnik für Wasserspiele noch bei? Zunächst einmal diverse Spritzbilder in unterschiedlichen Größen: Ein schlichter Düsenaufsatz entscheidet, ob sich eine zarte Wasserglocke bildet, eine quirlige Kaskade oder ein sprudelnder Schaumquell entsteht. Sogar frech über das Wasser spuckende Strahlen oder sich drehende, auf dem Wasser tanzende Pirouetten sind aus der Düse erhältlich.

- Langeweile ausgeschlossen: Die Spritzbilder sind leicht austauschbar und werden im Set häufig schon als Zweierpack geliefert.
- Die Montage kinderleicht: Auf der Pumpe sitzt ein Steigrohr (oft höhenverstellbar), das über ein Kugelgelenk in der Senkrechten ausgerichtet werden kann. Die Düse fürs Wasserspiel wird aufgeschraubt.
- Die Leistung: Zu jedem Wasserbild gibt's Angaben über Spritzhöhe oder -breite und die benötigte Wassermenge pro Stunde. Meist wird gleich eine passende Pumpe benannt.
- 1, 2, 3 oder viele: Wenn mehrere Wasserspiele und Speier betrieben werden sollen, kann dies mit einer Pumpe geschehen (dann die Förderleistungen addieren!). Verteiler, auch mit Wassermengenregulierung, sorgen für die nötige Anzahl an Anschlüssen.
- Mehr oder weniger: Wassermenge und Wasserdruck können über Druck- und Durchflussregler gesteuert werden. Dies kann bei Mehrfachanschluss sogar für jede Funktion einzeln geschehen.
- Verbindungen: Damit alles zu- und ineinander passt, gehören Verlängerungen, Adapter, Universalverschlüsse usw. zum Zubehör.
- **Bequemlichkeit:** Eine automatische Wasserstandskontrolle erspart die regelmäßige Überprüfung, damit die Pumpe nicht trocken läuft. Die Regulierung der Pumpenleistung geschieht mittels Drehreglern. Luxus jedoch ist eine Funkfernbedienung zum Ein-, Ausschalten und Dimmen von Wasserspielen.

Info

Seerosen und andere (Schwimmblatt-)Pflanzen mögen weder ständig bewegtes noch Spritzwasser. Wasserspiele im Teich sollten deshalb mit Abstand zu diesen Gewächsen betrieben werden.

Bitte, das Licht an!

Wo am Tage die Sonne Wasserflächen glänzen und Springstrahlen wie aufgereihte Perlen glitzern lässt, leuchten abends im Schein der Lampen neue Bilder zwischen Licht und Schatten. Im Hellen wohl bekannte Ansichten des Wassergartens verwandeln sich nach Einbruch der Dunkelheit in unbekannte Schauplätze, der Realität seltsam entrückt. Es erscheint eben alles in einem ganz anderen Licht!

Das Beleuchtungskonzept

Lampen machen es hell, aber erst eine gezielte Beleuchtung bewirkt die besondere Atmosphäre mit verschiedenen Akzenten. Dafür braucht man ein Konzept. Drei Dinge kann man mit Licht schaffen: Sicherheit, Stimmung und temporäre Effekte.

Die Sicherheit im Wassergarten betrifft ein Ausleuchten von Stufen und Wegen, wenn das Ziel im Dunkeln liegt, sowie erkennbare Übergänge zwischen Land und Wasser. Es sollte unauffälliges, verlässliches Licht sein, keine Konkurrenz zur gestalterischen Illumination. Kleine Wegleuchten oder bodennahe Strahler mit breitem Lichtkegel geben ein gedämpftes Streulicht. Seitlich in Stufenwangen integrierte Einbauleuchten sichern hier den Auftritt.

Es gibt unzählige Möglichkeiten, Licht gestalterisch einzusetzen, aber sie reichlich auszuschöpfen, hieße unter Umständen, die Stimmung zu Gunsten einer Light-Show zu kippen. Um dem vorzubeugen, kann man von vornherein planen, bestimmte Lichtquellen zusammenzufassen und andere über eine getrennte Schaltung zu bedienen, um per Knopfdruck zu entscheiden, wie viel und welches Licht brennen soll.

Es gibt auch Lichteffekte, die ohnehin nur temporär zum Einsatz kommen. Dazu gehören sicher alle Lichter, die das Wasser selbst erleuchten. Mit einem Unterwasserscheinwerfer kann man hin und wieder ins Teichleben hineinleuchten, um sich kurze Einblicke zu verschaffen, darf dort aber nicht häufig die Nachtruhe stören.

Farbiges Licht ist mit Vorsicht zu genießen, kann jedoch tolle Effekte erzielen, etwa bei der Beleuchtung eines formalen Beckens, das das Konzept eines architektonischen Gartens betont.

Abend am Teich. Nur zwei Spotlichter verwandeln den Wassergarten nach Einbruch der Dunkelheit in einen magischen Ort.

Leuchtkörper und Zubehör

Die Beleuchtung am und im Teich erfolgt mit handelsüblichen Gartenlampen für trockene Standorte, Unterwasserleuchten, Schwimmleuchten sowie Scheinwerfern für den Einsatz auf dem Trockenen und unter Wasser. In der Regel genügt für den Betrieb ungefährliche Niedervoltspannung, also mittels Transformator reduzierter Normalstrom (siehe Seite 64). Solar betriebene Schwimm- und Gartenleuchten tanken am Tage Sonne und verwandeln die Energie in ebenfalls unschädliches Licht für den Abend.
Alle Scheinwerfer und Leuchten, die im Wasser stehen oder auf dem Wasser schwimmen, haben schlagfeste Kunststoffgehäuse und sind selbstverständlich wasserdicht. Unterwasserleuchten dürfen auch nur dort betrieben werden, ohne Wasserkühlung besteht die Gefahr der Überhitzung. Leuchten für den Gebrauch im und am Wasser darf man nur im abgekühlten Zustand ins Wasser setzen.

Licht in Watt und Winkeln

Je nach gewünschtem Effekt hat man die Wahl zwischen unterschiedlichen Lichtstärken, die in Watt angegeben werden, und verschiedenen Ausstrahlungswinkeln, vom breiten Lichtkegel bis zum Punktstrahl. Zum Betrieb mehrerer Lichtquellen mit einem Transformator werden die Wattzahlen der einzelnen Leuchten addiert und ein passender Transformator mit der nächstgrößeren Leistung gewählt.
Viele Lampen sind mit Halogenlicht bestückt. Daneben gibt es kleine, flache LED-Leuchten, die sich unauffällig in Bodenbeläge, Steine, aber auch Wasserspiele und Brunnensteine einfügen lassen. So kann man das aus einem Quellstein sprudelnde Wasser mit einer »Ringleuchte« im Quellhof des Steins direkt beleuchten. Andere Wasserspiele sind mit einer integrierten LED-Beleuchtung ausgestattet. Neue Möglichkeiten für Lichteffekte (nicht nur) unter Wasser bietet die Lichtleitertechnik. Leuchtmittel und Projektor am trockenen Ufer »schicken« Licht in stromlose, am Teichboden verlegte Faserleitungen. Zum Teil erleichtern einfache Verbindungstechniken mit Spezialanschlüssen und Kombi-Systeme die Montage. Sämtliche Lampenkörper werden mit den angebotenen Aufstell- und Befestigungsmechanismen sicher montiert. Oft erlauben flexible Gelenke die genaue Ausrichtung der Lichtquelle. Schwimmleuchten können am Boden verankert werden. Je weniger man tagsüber von den Leuchten sieht, desto besser. Im Dunkeln sollten sie blendfrei sein.
Besonderen Komfort in der Handhabung bieten Sensoren, die den Garten in der Dämmerung selbsttätig illuminieren, über Fernbedienung getrennt schaltbare Beleuchtungsprogramme und Bewegungsmelder, die im Sektor sicheres Licht automatisch für Helligkeit sorgen.

Info

Achten Sie immer darauf, für welchen Anwendungsbereich Leuchten oder Zubehör zugelassen sind, und halten Sie sich strikt an die Anweisungen der Hersteller! Nur bestimmte Leuchtmittel dürfen unter Wasser betrieben werden. Im Zweifelsfalle und bei Arbeiten an den Elektroleitungen wenden Sie sich an einen Elektriker (Sicherheitshinweise siehe Seite 64).

Klarheit dank Filter

Die natürliche Selbstreinigungskraft des Wassers gelangt im Gartenteich leider manchmal an ihre Grenzen. Ein unter allen Gesichtspunkten der Gewässerökologie angelegter Teich sorgt selbst für Klarheit. Aber bei kleinen, nicht ausreichend tiefen Anlagen, hohem Fischbesatz, starkem Eintrag organischer Masse etc. können Probleme auftreten. Dann kann der Einsatz eines Filters helfen, entweder bis die Ursachen beseitigt sind oder, wenn das nicht mehr möglich ist, als hilfreiche Dauerlösung.

Die Reinigungsstufen

Was ist in so einem Filter drin, dass sauberes Wasser herauskommt? Filtermedien, so die richtige, doch noch nichts sagende Antwort. Denn es gibt unterschiedliche Wirkungsweisen, um verschmutztes Wasser zu klären. Angefangen hat alles mit der **mechanischen Methode**. Unsauberes Wasser wurde durch feinmaschige, aber wasserdurchlässige Siebe oder Materialien gedrückt und so die festen Schmutzpartikel entfernt. Heute ist das die erste Filterstufe und wird mit Bürsten, Schwämmen, Filtermatten oder Granulat bewerkstelligt.

In der zweiten Stufe erfolgt die **Reinigung auf biologischer Basis**: Es kommt darauf an, den für die Selbstreinigungskraft des Wassers wichtigen Mikroorganismen, die die organische Masse abbauen und anorganische Pflanzennährstoffe freisetzen, günstige Bedingungen zu schaffen. Feine Filterschwämme sowie Filtermedien mit poröser, rauer und dadurch vielfach vergrößerter Oberfläche bieten den Bakterien gute Ansiedlungsmöglichkeiten. Der notwendige Sauerstoffgehalt wird zum Beispiel durch Verwirbelung des in den Filter einströmenden Wassers erhöht. In sauerstoffärmeren Zonen zum Ende des Filterungsprozesses können auch anaerobe (ohne Sauerstoff lebende) Bakterien

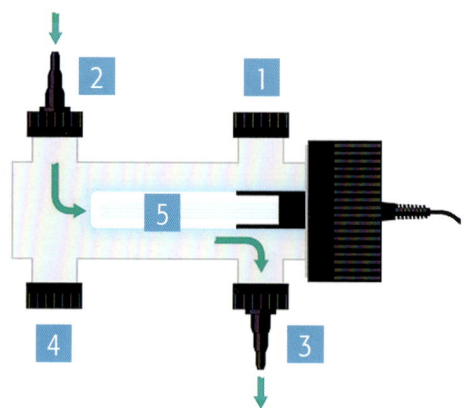

Er sieht unscheinbar aus, ist aber das Gerät, das mit Hilfe von UVC-Licht Schwebalgen und Keime das Fürchten lehrt: der UV-Teichklärer. Im Schema: **1** Sichtfenster (Funktionskontrolle) **2** Wassereintritt **3** Wasseraustritt **4** Verschlusskappe (für Filteranschluss) **5** UVC-Lampe

zum Zuge kommen. Sie verwandeln einen (kleinen) Teil des Nitrats in gasförmigen Stickstoff, der an der Luft entweichen kann. Beide Stufen zusammen führen schon zu beachtlichen Reinigungsleistungen und viele Filter arbeiten damit. Manche verfügen aber noch über eine dritte **Reinigungsstufe auf der Basis von natürlichem Gesteinsmaterial**. Dieses, vor allem unter dem Namen Zeolith bekannt, ist in der Lage, Gift- und überschüssige Nährstoffe auf dem Weg eines Ionentauschers dem Wasser zu entziehen.

Ergänzende Bausteine

Zur Wasserklärung mittels Filter gibt es ergänzende Bausteine, um die Reinigungsleistung zu unterstützen. Einer davon sind die Ultraviolett-Klärgeräte (**UV-C-Klärer**). Sie können sowohl separat arbeiten, werden aber besser mit einem Filtersystem kombiniert. Das Wasser durchströmt eine Röhre, in der es mit UVC-Licht bestrahlt wird. Dadurch werden Keime abgetötet und Schwebalgen ausgeflockt, sodass sie ausfilterbar sind. Die Geräte gibt es mit unterschiedlicher Leistung.

Um Staub, Blütenpollen, Blätter und Nadeln gleich an der Oberfläche abzufangen, bevor sie als organische Masse auf den Grund sinken, gibt es Oberflächenabsauger, **Skimmer** genannt. Die Öffnung des kleinen Behälters, der frei schwimmt oder fest am Ufer bzw. auf dem Boden steht, befindet sich an der Wasseroberfläche. Durch den Sog der angeschlossenen Filterpumpe wird die belastete obere Wasserschicht kontinuierlich angesaugt. Der grobe Schmutz bleibt auf einem Sieb im Skimmer hängen, das restliche Wasser wird dem Filter zugeführt. Bei Einbau eines **Bodenablaufs** strömt

MEIN RAT

Die erste Filterinstanz sind Sie! Verhindern Sie den Eintrag organischer Masse oder fischen Sie abgestorbene Pflanzenteile und Blätter von der Wasseroberfläche ab. Stimmen Sie den Fischbesatz auf die Teichgröße ab und füttern Sie nur, was die Tiere auch fressen. Sorgen Sie mit entsprechenden Pflanzen, eventuell Wasserspielen oder einem Bach für eine ausreichende Sauerstoffzufuhr.

Schlamm und Schmutz, bevor er sich ablagern kann, über ein Verbindungsrohr in einen Pumpenschacht außerhalb des Teichs. Dort setzen sich grobe Partikel ab, bevor das Schmutzwasser über die Pumpe zum Außenfilter gefördert und gereinigt wird.

Die Filterarten

Die meisten Filter sind so genannte **Teichaußenfilter**. Das verschmutzte Wasser wird von der Pumpe im Teich aufgenommen und in den Filter gedrückt, gereinigt und fließt in den Teich zurück. Zu einem großen Teil handelt es sich um **Mehrkammerfilter**: Das verschmutzte Wasser durchläuft im Filter hintereinander mehrere Kammern mit unterschiedlichen Filtermedien der verschiedenen Reinigungsstufen und wird mechanisch, biologisch und, falls vorgesehen, in einer dritten Stufe auch über natürliche Gesteinsmaterialien gereinigt. Oft werden diese Filter in Modulbauweise angeboten. Zur Erhöhung des Reinigungsvolumens (der Literleistung) können mehrere solcher Filtermodule miteinander verbunden werden. Filter dieser

Bauweise gibt es für praktisch jede Teichgröße bis 100 000 Liter. Da sie durchaus auffällige Fremdkörper am Wasser darstellen, sollte der Standort so gewählt werden, dass sie beispielsweise in einer höheren Uferpflanzung oder hinter einer Trockenmauer versteckt werden können. Es gibt Modelle, die sich zum Einlass ins Erdreich eignen. In allen Fällen müssen sie allerdings für Wartungsarbeiten zugänglich bleiben. Zur Reinigung werden Filter und Filtermedien durch Entnahme der Einsätze einfach gespült, bei anderen Modellen genügt gar eine Druckspülung des Systems über Anschluss des Gartenschlauchs ohne Entnahme der Filterstoffe. **Druckfilter** bestehen aus einem geschlossenen System, das es ermöglicht, das gereinigte Wasser auch zu einem höher als der Filter gelegenen Punkt, zum Beispiel direkt zu einem Bachlauf oder Wasserspiel zu fördern (während das Wasser sonst meist frei ablaufen können muss). Daher ist das System auch bis zur Abdeckung im Boden einbaubar. Es filtert Teiche bis 12 000 (neuere Technik bis 20 000) Liter Inhalt auf biologisch-mechnische Weise, ein UV-Klärer ist integrierbar. Bei einigen Geräten wird die Fließrichtung zur Filterreinigung einfach umgekehrt und der Schmutz anschließend über einen separaten Ablauf abgeleitet.

Weitere Filterarten

Eher selten sind **Teichinnenfilter**. In diesem Fall stehen Pumpe und Filter im Teich, die Pumpe höher als der Filterkörper. Das verschmutzte Wasser strömt von oben ein, durchläuft die verschiedenen Filtermedien von oben nach unten und wird über eine Schlauchverbindung von der Pumpe über ein aufgesetztes Wasserspiel wieder in den Teich gefördert. Dabei nimmt das Wasser neuen Sauerstoff auf. Dass der Filter im Wasser verschwindet, ist der Vorteil dieses Systems. Allerdings sind die Filter nur für Teiche bis etwa 5000l Volumen anwendbar und die Wartung ist nicht besonders komfortabel, der verschmutzte, glitschige Filter muss aus dem Wasser gehoben werden. Teilweise können diese Filter auch als Außenfilter am Ufer platziert werden.

Ansonsten sind Innenfilter nur als kleine mechanisch wirkende **Vorfilter** zum Schutz vor Verschmutzung von Wasserspielpumpen im Angebot.

Ein neues **Teichrandfilter**-Modell wird ufernah ins flache Wasser gelegt und über einen Schlauch mit der Pumpe im Teichinneren ver-

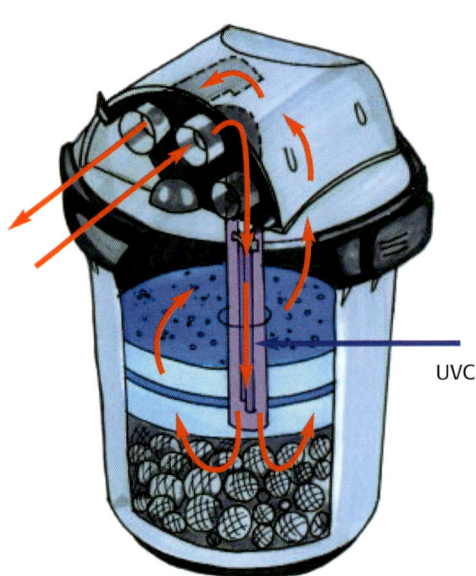

Schema eines Druckfilters: Wassereinlass- und Austrittsöffnungen im Kopfteil, Filterstoffe und UV-Klärer im Unterteil.

bunden. Das über den Filter einströmende Wasser gelangt »sauber« zu Pumpe und Wasserspiel. Die Filterreinigung erfolgt vom Teichrand aus.

Filtergröße und -betrieb

Auf der Suche nach dem richtigen Filter und der passenden Pumpe ist zunächst das Wasservolumen ausschlaggebend. Wenn Sie nicht wissen, wie viel Wasser Ihr Teich enthält, hilft folgende grobe Formel: Man multipliziert die maximale Teichlänge, Teichbreite und Teichtiefe miteinander und teilt den Wert durch die Zahl Zwei, also: (Länge × Breite × Tiefe) : 2 = Wasservolumen in m³. Und 1 m³ Wasser entspricht 1000 l. Mit diesem Ergebnis kann dann ein Filter mit entsprechender Literleistung gewählt werden. Wenn nun Fische im Wasser schwimmen, ist dies auch stärker verunreinigt. In diesem Fall wird die halbe Literleistung des Filters als grober Anhaltswert in Ansatz gebracht. Übrigens sollten nicht mehr als 20 cm addierter Fisch in 1000 l Teichwasser schwimmen (siehe Seite 109).

Abstimmung von Pumpe und Filter

Für eine gute Wasserströmung und eine gleichmäßige Umwälzung des gesamten Teichwassers liegen Pumpe und Wasserauslass des Filters möglichst weit voneinander entfernt. Die Pumpe sollte es schaffen, den Teichinhalt alle vier bis fünf Stunden, also etwa fünf Mal täglich durch den Filter zu drücken. Ist die Pumpe allerdings zu stark, passiert das verschmutzte Wasser den Filter zu schnell, die Mikroorganismen sind nicht in der Lage ihre Arbeit zu tun, die Reinigung erfolgt nicht zufriedenstellend. Es ist aber gar nicht so schwer, wie es klingt, das Richtige zu finden. Die

Info

Die biologische Wirksamkeit eines Filters optimiert sich erst nach einigen Wochen, wenn sich die Mikroorganismen entsprechend entwickelt haben. Für den Anfang kann man durch eine Impfung mit käuflichen Starterbakterien nachhelfen. Wenn man den Filter später reinigt, sollte man dies nicht übertreiben tun oder den Filter wieder mit etwas altem Schmutzwasser impfen, um das Bakterienleben in Gang zu halten.

Markenhersteller bieten gut aufeinander abgestimmte Komplett-Sets an, sodass Sie mit der Angabe von Teichinhalt und Fischbesatz ein stimmiges Filter-Pumpe-System, auch inklusive passendem UV-Klärer, erhalten. Unter bestimmten Bedingungen gibt man Ihnen sogar eine »Garantie« für klares Wasser.

Einige Filter verfügen über eine Verschmutzungsgradanzeige, ansonsten sind das Überlaufen eines Filters oder verschmutztes Wasser am Wasseraustritt sichere Zeichen, dass das System gereinigt werden muss. Filter sollen während der ganzen Saison rund um die Uhr in Betrieb sein. In stehendem, dann sauerstoffarmem Wasser oder gar einem trockenen Filter können Mikroorganismen nicht existieren. Zur Anreicherung von Sauerstoff ist es im Übrigen sinnvoll, wenn das gereinigte Wasser über ein paar Steine oder einen kleinen Bachlauf zurück in den Teich fließen kann. Im Herbst, vor den ersten Frösten, baut man den Filter ab, säubert und überwintert ihn.

Pflanzen und Tiere

Jetzt kommt Leben in den Teich! Selbst wenn jeder Baustein zum Gelingen des Gesamtwerks wichtig ist, so sind es doch die Pflanzen und Tiere, die eine planerisch und technisch gut konzipierte Wasseranlage zum idyllischen Teich oder munteren Bachlauf werden lassen. Mit dem Eintreffen von Sumpf-Schwertlilie und Adonislibelle erhält das Wasser seine Bestimmung: Es wird zum Lebensraum

Das reiche Pflanzenreich

Wasser- und Sumpfpflanzen sind nicht nur schön. Es sind interessante Lebewesen, und sie sind vor allen Dingen unentbehrlich. Denn das Ökosystem Teich ist nur dann stabil und somit funktionstüchtig, wenn jeder Bestandteil seiner Bestimmung entspricht. Dabei spielen die Pflanzen, wie schon berichtet, eine sehr große Rolle, denn sie erfüllen verschiedenste wichtige Aufgaben. Sie beschatten die Oberfläche, damit sich das Wasser nicht zu stark erwärmt, sind Nahrung und Unterschlupf für Tiere, entnehmen dem Kreislauf überschüssige Nährstoffe, reinigen das Wasser, spenden Sauerstoff – und sie haben sich speziell auf das Leben im Wasser eingerichtet.

Der Wassergarten bietet eine reiche Pflanzenvielfalt. Aber das Leben der Wasser- und Sumpfbewohner folgt eigenen Regeln, die sie selbst erst lernen mussten.

Wasserpflanzen leben anders

Wasserpflanzen leben im Überfluss. Ihnen steht im Gegensatz zu den Landgewächsen immer ausreichend Wasser zur Verfügung. Doch gerade daraus resultieren ihre Probleme: Die Verdunstung und damit der Nährstofftransport sind gestört, »sie kriegen nicht genug Luft«, es fehlt ihnen also Sauerstoff und Kohlendioxid, mit zunehmender Tiefe auch Licht. Damit sie dennoch versorgt werden, haben sich die Gewächse, die ursprünglich einmal an Land zu Hause waren, angepasst. Mit einigen trickreichen Veränderungen in ihrer Bau- und Lebensweise haben sie Mechanismen entwickelt, mit denen sie den Mangel ausgleichen konnten.

Botanische Besonderheiten

Zunächst jedoch mussten viele Wasserpflanzen das Schwimmen lernen. Dazu verfügen Stängel und Blätter über ein Gewebe mit zahlreichen Hohlräumen (Aerenchym), ähnlich einem Schwamm. Die darin enthaltene Luft gibt ihnen den nötigen Auftrieb um die Blätter ans Licht zu bringen.
Gleichzeitig speichern die Pflanzen in diesen Luftkammern Sauerstoff, mit dem sie nach Bedarf die Wurzeln versorgen können.
Im Gegensatz zu vielen Landpflanzen befinden sich die Spaltöffnungen für die Verdunstung und den Gasaustausch (Aufnahme von Kohlendioxid und Abgabe von Sauerstoff) auf der Blattoberseite der schwimmenden Gewächse. Ihre Oberfläche ist nur mit einer dünnen, Wasser abweisenden Schicht überzogen. Über

die zarten Blattunterseiten können Wasser und Nährstoffe direkt aufgenommen werden. Die Wurzeln dienen oft nur noch der Verankerung der Pflanzen im Boden.

Die Unterwasserpflanzen nehmen das Medium und darin gelöste Nährsalze fast ausschließlich direkt über Spross und Blätter auf. Auch dieses System perfektionierte die Natur: Durch feingliedrige Zerteilung wurden Spross- und Blattflächen und damit auch die Aufnahmekapazität um ein Vielfaches vergrößert, wie es Aussehen und Name des Tausendblattes *(Myriophyllum)* anschaulich wiedergeben. Sogar der Stoffwechsel kann unter Wasser stattfinden. Die Pflanzen nehmen im Wasser gelöstes Kohlendioxid (CO_2) oder Hydrogenkarbonat (HCO_3^-) auf und geben Sauerstoff (O_2) ab.

Nach diesem Prinzip sorgen auch besondere Unterwasserblätter einiger Schwimmblattpflanzen wie der Seerose für den notwendigen Gasaustausch im Winter, wenn das oberirdische Grün abgestorben ist. Kein Wunder also, wenn ein und dieselbe Wasserpflanze verschiedene Blattformen hat, um sich jeweils optimal zu versorgen. Zum Beispiel hat der Wasser-Hahnenfuß *(Ranunculus aquatilis)* fein zerteilte, fadenförmige Unterwasserblätter, aber nierenförmige, ganzrandige Schwimmblätter.

Da auch die Fortpflanzung über Blütenbildung und Samenproduktion im und am Wasser ihre Tücken hat, sichern ganz viele Wassergewächse ihren Bestand vegetativ, das heißt über Ausläufer und Rhizome.

Im Herbst bilden manche Wasserbewohner wie der Froschbiss *(Hydrocharis morsus-ranae)* Winterknospen, die den Winter frostfrei im schlammigen Bodengrund ausharren. Im Frühjahr wachsen daraus neue Pflanzen.

Info

Haben Sie schon einmal versucht, eine Seerose zu pflücken? Man zieht und zieht, als habe man ein Gummiband in der Hand. Bricht man den Stängel hingegen, knickt er wie Glas. Im Gegensatz zu den Landgewächsen, die zum Schutz vor Wind einen biegsamen, aber stabilen Stützkörper haben, müssen die Wasserpflanzen den Zugkräften ihres Elementes widerstehen. Deshalb sorgt die Anordnung der Leitbündel für die notwendige Reißfestigkeit, doch das fehlende Festigungsgewebe lässt sie außerhalb des Wassers erschlaffen.

Oben: Die großen Blätter der Seerosen besitzen Luftkammern, damit sie so anmutig auf dem Wasser schwimmen können.
Unten: Ein typisches Merkmal vieler Unterwasserpflanzen: feinste Blatt- und Sprossteilungen wie bei diesem Tausendblatt.

Die Tiefe entscheidet: Lebensbereiche im Teich

Wie alle Pflanzen stellen auch die Gewächse im und am Wasser Ansprüche an ihren Standort. Aber nicht etwa das Licht- oder Nährstoffangebot, sondern der Wasserstand ist das entscheidende Kriterium. Natürliche Gewässer gliedern sich in Zonen unterschiedlicher Wassertiefen, auf die sich die Pflanzen in ihrer Entwicklung spezialisiert haben. Hier gedeihen sie am besten. Manche Gewächse sind sehr intolerant, sie wachsen nur in der für sie optimalen Tiefe. Andere nehmen es nicht so genau und haben sich sogar auf das Leben in unterschiedlichen Bereichen eingerichtet. Die horstigen Blattschöpfe der Goldkeule *(Orontium aquaticum)* beispielsweise stehen im Sumpf aufrecht über dem Wasser. Bei höherem Wasserstand legt sich ihr Laub schwimmblattartig auf die Oberfläche. Die Zonierung der stehenden Gewässer ist in der Natur selbstverständlich sehr viel differenzierter, als sie es in einem Gartenteich sein kann. Aber die dafür allgemein üblich angewandte Einteilung des Bundes deutscher Staudengärtner hat sich in der Praxis bewährt. (Zur Erinnerung: Schon bei der Teichanlage

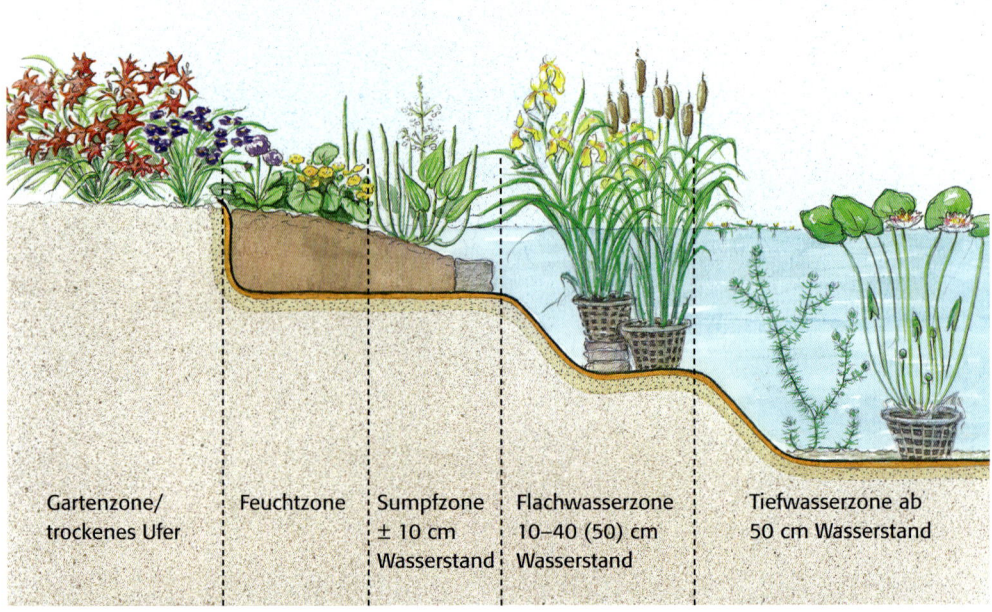

Obwohl es die Pflanzen nicht immer ganz so genau nehmen, gedeihen sie an ihrem optimalen Standort natürlich am besten. In Körben stehende Gewächse können angehoben werden.

Die Tiefwasserzone

wurden die Tiefenzonen in der Grube deshalb entsprechend vormodelliert.)

Die **Tiefwasserzone** umfasst den Bereich ab 40(–50) cm Wassertiefe und sollte wenigstens 80 cm tief sein, damit der Teich nicht durchfrieren kann und Pflanzen wie Tiere Überwinterungsmöglichkeiten haben. Hier wachsen vor allem frei treibende Schwimmpflanzen und die Schwimmblattpflanzen. Letztere sind meist am Grunde verwurzelt. An langen Stielen erreichen die Schwimmblätter die Wasseroberfläche. Ihr populärster Vertreter ist die Seerose. Denn im Gegensatz zu ihrem üppigen Flor können alle anderen nur gelbe oder weiße Blüten von bescheidenerer Größe zeigen.

Aufgabe der Schwimm- und Schwimmblattpflanzen ist es vor allen Dingen, einen Teil des Teichs zu beschatten, damit sich das Wasser nicht übermäßig erwärmt und es zum Sauerstoffmangel kommt.

Die meisten Unterwasserpflanzen gehören ebenfalls ins tiefe Wasser, nur wenige zieht es auch in den Flachwasserbereich (Nadelkraut, Nadelsimse, Wasserstern, Wasserfeder und Wasserschlauch). Sie leben hauptsächlich untergetaucht (submers), fallen kaum auf, sind jedoch für das ökologische Gefüge von großer Bedeutung. Sie verbrauchen enorme Nährstoffmengen, die sie direkt aus dem Wasser ziehen (siehe oben). Damit machen sie den Algen mächtig Konkurrenz. Auch können sie größere Mengen Sauerstoff ins Wasser abgeben. Darüber hinaus bieten sie kleineren Wassertieren Unterschlupf und Verstecke. Ihr Ausbreitungsdrang lässt sich im Zaum halten. Fazit: Kein Teich ohne Taucher!

Pflanzen für die Tiefwasserzone

Deutscher Name	Botanischer Name
Afrikanische Wasserähre	*Aponogeton distachyos*
Froschbiss	*Hydrocharis morsus-ranae*
Seerose	*Nymphaea*-Arten u. -Sorten
Seekanne	*Nymphoides peltata*
Gelbe Teichrose, Mummel	*Nuphar lutea*
Wasser-Knöterich	*Persicaria amphibia* (= *Polygonum amphibium*)
Schwimmendes Laichkraut	*Potamogeton natans*
Wasser-Lebermoos	*Riccia fluitans*
Krebsschere	*Stratiotes aloides*
Wassernuss	*Trapa natans*

Unterwasserpflanzen

Deutscher Name	Botanischer Name
Wasserstern	*Callitriche palustris*
Raues Hornblatt	*Ceratophyllum demersum*
Nadelkraut	*Crassula recurva*
Nadel-Sumpfsimse	*Eleocharis acicularis*
Wasserpest	*Elodea canadensis*
Wasserfeder	*Hottonia palustris*
Wasserquirl	*Hydrilla verticillata*
Tausendblatt	*Myriophyllum* in Arten
Krauses Laichkraut	*Potamogeton crispus*
Glänzendes Laichkraut	*Potamogeton lucens*
Wasser-Hahnenfuß	*Ranunculus aquatilis*
Spreizender Hahnenfuß	*Ranunculus circinatus*
Wasserschlauch	*Utricularia vulgaris*

Pflanzen für die Flachwasserzone

Deutscher Name	Botanischer Name
Kalmus	Acorus calamus
Lanzenblättriger Froschlöffel	Alisma lanceolatum
Gewöhnlicher Froschlöffel	Alisma plantago-aquatica
Blumenbinse	Butomus umbellatus
Hohes Cyperngras	Cyperus longus
Bunter Wasser-Schwaden	Glyceria maxima 'Variegata'
Tannenwedel	Hippuris vulgaris
Sumpf-Schwertlilie	Iris pseudacorus
Froschkraut	Luronium natans
Vierblättriger Kleefarn	Marsilea quadrifolia
Fieberklee	Menyanthes trifoliata
Kleine Teichrose	Nuphar pumila
Seerose	Nymphaea-Midi-Sorten
Goldkeule	Orontium aquaticum
Grüner Pfeilaron	Peltandra virginica
Zwerg-Schilf	Phragmites australis var. humilis
Hechtkraut	Pontederia lanceolata
Zungen-Hahnenfuß	Ranunculus lingua
Veränderliches Pfeilkraut	Sagittaria latifolia
Gewöhnliches Pfeilkraut	Sagittaria sagittifolia
Gestreifte Teichsimse	Schoenoplectus lacustris 'Albescens'
Zebra-Teichsimse	Schoenoplectus tabernaemontani 'Zebrinus'
Stachelspitzige Teichsimse	Schoenoplectus mucronatus
Einfacher Igelkolben	Sparganium emersum
Ästiger Igelkolben	Sparganium erectum
Shuttleworth's Rohrkolben	Typha shuttleworthii

Die Flachwasserzone

Die **Flachwasserzone** hat einen Wasserstand von 10–40 (50) cm. Hier erwärmt sich das Teichwasser im Frühjahr sehr schnell und kurbelt das Leben an. Am äußeren Rand wachsen viele Pflanzen der Röhrichtzonen, die wechselnde Wasserstände gut verkraften, zum Beispiel Schilf *(Phragmites)*, Rohrkolben *(Typha)* und Simsen. In ihrem dichten Wurzelwerk lagern sich Schwebstoffe an, aber Achtung: Nirgends wuchert das Grün wie hier. Bei der Auswahl sollte man sehr sorgfältig vorgehen und die Starkwüchsigen meiden oder in Kübeln zähmen. Von den schlanken, aufrechten Halmen der Gräser gerahmt, schließen sich zum Wasser hin die niedrigeren Pflanzen an. Zwar ist auch die Flachwasserzone nicht mit üppigen Blütenfarben gesegnet, aber mit Sumpf-Schwertlilie *(Iris pseudacorus)*, Blumenbinse *(Butomus umbellatus)*, Hechtkraut *(Pontederia cordata)* oder auch schwachwüchsigen Seerosen lassen sich schöne Akzente setzen. Außerdem finden sich hier als Pendant zu den hohen Halmen des Röhrichts kleinere Pflanzen mit interessantem Laub, so das Pfeilkraut *(Sagittaria)* oder die Zebrasimse *(Schoenoplectus tabernaemontani* 'Zebrinus').

Die Sumpfzone

In der **Sumpfzone** geht es bunt zu. Pflanzen, die hier leben, sind sehr flexibel, schließlich gehören wechselnde Wasserstände, z. B. in Abhängigkeit von der Jahreszeit, zu ihrem Alltag. Zwischen Hoch- und Niedrigwasserstand nehmen sie Überflutungen genauso gelassen hin wie kurzfristige Durststrecken. Der Wasserstand schwankt etwa zwischen 10 cm über und 10 cm unter der Wasserlinie.

Ihre bekanntesten Vertreter sind wohl die Sumpf-Dotterblume *(Caltha palustris)* sowie der Blut-Weiderich *(Lythrum salicaria)*, verschiedene Schwertlilien *(Iris*-Arten) oder die Scheinkalla *(Lysichiton americanus)*. Viele der Sumpfbewohner sind so flexibel, dass sie auch durchaus abwandern, die einen zum nur noch feuchten Ufer, die anderen ins flache Wasser. Obwohl sich die Sumpf- von den Landpflanzen äußerlich schon nicht mehr unterscheiden, muss die Versorgung der Wurzeln mit Luft oft noch »von oben« erfolgen und der Sauerstoff durch das Aerenchym der Sprosse zu den Wurzeln transportiert werden. Hohe Verdunstungsraten der Blätter hingegen sorgen für den Nährstofftransport von den Wurzeln aufwärts zu den oberen Pflanzenteilen.

Pflanzen für die Sumpfzone

Deutscher Name	Botanischer Name
Kleiner (Lakritz-)Kalmus	*Acorus gramineus*
Igelschlauch	*Baldellia ranunculoides*
Sumpfkalla	*Calla palustris*
Sumpf-Dotterblume	*Caltha palustris*
Segge	*Carex* in Arten
Winter-Schachtelhalm	*Equisetum hyemale*
Schmalblättriges Wollgras	*Eriophorum angustifolium*
Sumpf-Wolfsmilch	*Euphorbia palustris*
Gnadenkraut	*Gratiola officinalis*
Sumpfeibisch	*Hibiscus moscheutos*
Buntlaubige Houttuynie	*Houttuynia cordata* 'Chamäleon'
Wassernabel	*Hydrocotyle vulgaris*
Asiatische Sumpf-Schwertlilie	*Iris laevigata*
Sumpf-Schwertlilie	*Iris pseudacorus*
Binse	*Juncus* in Arten und Sorten
Blaue Lobelie	*Lobelis siphilitica*
Gelbe Scheinkalla	*Lysichiton*-Arten
Strauß-Felberich	*Lysimachia thyrsiflora*
Pfennigkraut	*Lysimachia nummularia*
Blut-Weiderich	*Lythrum salicaria*
Wasser-Minze	*Mentha aquatica*
Polei-Minze	*Mentha pulegium*
Gewöhnliche Gauklerblume	*Mimulus guttatus*
Gelbe Gauklerblume	*Mimulus luteus*
Sumpf-Vergissmeinnicht	*Myosotis palustris*
Perlfarn	*Onoclea sensibilis*
Sumpfblutauge	*Potentilla palustris*
Brennender Hahnenfuß	*Ranunculus flammula*
Sumpffarn	*Thelypteris palustris*
Kleiner Rohrkolben	*Typha minima*

Die Gelbe Scheinkalla mit leuchtenden Hochblättern und die Sumpf-Dotterblume sind typische Sumpfbewohner.

Die Feuchtzone

Die **Feuchtzone** neigt optisch zum Uferbewuchs außerhalb des Teiches und ist auch der Übergang dorthin. Tatsächlich liegt sie allerdings noch innerhalb der Gewässerabdichtung. Die Pflanzen profitieren von den Kapillarkräften des Bodens, die immer noch reichlich Feuchtigkeit ziehen. Allerdings sind die Gewächse auf einen Luftanteil im Substrat angewiesen, der Bereich ist zwar die meiste Zeit dauernd feucht, wird jedoch nie überflutet.

In der Feuchtzone geht es richtig bunt und vielfältig zu. Blüten- und Blattschmuckstauden, Gräser und Farne, sogar einige Gehölze (siehe Liste), die in der Regel sauren Boden wünschen und ausreichenden Wurzelraum brauchen, fühlen sich hier wohl. Wieder sind Übergriffe zur nächsten Zone möglich, Pflanzen, die in den Sumpf vorrücken, und Gewächse, die auch an Land gedeihen. Sie sorgen an der »Konstruktionsgrenze« für fließende Übergänge.

Außerhalb der Kapillarsperre schließt sich die Gartenzone an. Hier wachsen die Pflanzen, auch des trockenen Ufers, wieder unter den Bedingungen gewöhnlicher Landgewächse.

Gehölze für die Feuchtzone

Deutscher Name	Botanischer Name
Kahle Rosmarinheide	Andromeda polifolia
Knopfbusch	Cephalanthus occidentalis
Scheineller	Clethra alnifolia
Federbuschstrauch	Fothergilla gardenii
Porst	Ledum groenlandicum
Gagelstrauch	Myrica gale
Purpur-Weide	Salix purpurea 'Gracilis'

Pflanzen für die Feuchtzone

Deutscher Name	Botanischer Name
Sumpf-Schafgarbe	Achillea ptarmica
Rote Seidenpflanze	Asclepias incarnata
Wiesenknöterich	Bistorta-Arten
Rippenfarn	Blechnum spicant
Gefüllte Sumpf-Dotterblume	Caltha palustris 'Multiplex'
Segge	Carex in Arten
Schlangenkopf	Chelone obliqua
Pracht-Nelke	Dianthus superbus
Wasserdost	Eupatorium cannabium
Mädesüß	Filipendula in Arten/Sorten
Schachbrettblume	Frittilaria meleagris
Sumpf-Storchschnabel	Geranium palustre
Bach-Nelkenwurz	Geum rivale
Sumpf-Siegwurz	Gladiolus palustris
Japanische Sumpf-Schwertlilie	Iris ensata (= kaempferi) in Sorten
Wiesen-Schwertlilie	Iris sibirica
Amerikan. Sumpf-Schwertlilie	Iris versicolor
Frühlings-Knotenblume	Leucojum vernum
Goldkolben	Ligularia in Arten
Felberich	Lysimachia in Arten
Gauklerblume	Mimulus × hybridus
Rohr-Pfeifengras	Molinia arundinacea
Vergissmeinnicht	Myosotis rehsteineri
Jakobsleiter	Polemonium caeruleum
Primel	Primula in Arten/Sorten
Sumpf-Helmkraut	Scutellaria galericulata
Gelbe Wiesenraute	Thalictrum flavum
Dreimasterblume	Tradescantia × andersoniana
Trollblume	Trollius in Arten/Sorten
Sumpf-Veilchen	Viola palustris

DAS REICHE PFLANZENREICH | 85

Eine Auswahl der schönsten Teichpflanzen

Aus dem reichen Schatz des Wassergartens finden Sie auf dieser und den beiden folgenden Seiten Porträts einiger wichtiger Vertreter der Pflanzen. Sie alle sind Kinder der Sonne, und auch, wenn sie mit zeitweiligem Halbschatten noch zufrieden sind, brauchen sie für ihre Blütenbildung möglichst viel Licht und Wärme. Die Blühphase im Wassergarten, etwa von Mai bis September, ist recht kurz. Aber dafür bieten die besondere Lebensweise und das charakteristische Aussehen dieser Pflanzen genug Abwechslung und Beobachtungspotential, wie die Blattpfeile des Pfeilkrauts, die Blattherzen des Hechtkrauts, die Miniaturbäumchen des Tannenwedels oder gar die seltsame Krebsschere.

Goldkeule *(Orontium aquaticum)*
H: 20–40 cm, WT: 10–50 cm, Bl: 5–6

Veränderliches Pfeilkraut *(Sagittaria latifolia)*
H: 40–60 cm, WT: 5–30 cm, Bl: 6–8

Krebsschere *(Stratiotes aloides)*
H: 15–25 cm, WT: ab 60 cm, Bl: 5–7

H: Höhe der Pflanze (über dem Wasserspiegel); **WT:** bevorzugte Wassertiefe; **Bl:** Blütezeit in Monaten

Gemeiner Froschlöffel *(Alisma plantago-aquatica)*
H: 50 cm, WT: 5–30 cm, Bl: 7–8

Schwanenblume *(Butomus umbellatus)*
H: 50–100 cm, WT: 10–40 cm, Bl: 6–8

Raues Hornblatt *(Ceratophyllum demersum)*
Unterwasserpflanze, WT: ab 50 cm

Tannenwedel *(Hippuris vulgaris)*
H: 30–40 cm, WT: 0–50 cm

DAS REICHE PFLANZENREICH | 87

Wasserfeder *(Hottonia palustris)*
Unterwasserpflanze, WT: 5–40 cm, Bl: 5–6

Sumpf-Schwertlilie *(Iris pseudacorus)*
H: 80–100 cm, WT: 0–30 cm, Bl: 5–7

Herzförmiges Hechtkraut *(Pontederia cordata)*
H: 60–80 cm, WT: 20–40 cm, Bl: 6–9

Einfacher Igelkolben *(Sparganium emersum)*
H: 40–60 cm, WT: 10–30 cm, Bl: 7–8

Königin des Wassers: die Seerose

So, wie die Gartenrose die unbestrittene »Königin der Blumen« ist, trägt auch die Seerose den Titel »Königin des Wassers« zu Recht. Obwohl die Majestäten natürlich keine botanische Verbindung miteinander pflegen, gibt es Gemeinsamkeiten: Beide gehören zu den ältesten Kulturpflanzen der Menschheit und haben es geschafft, ihre Betrachter mit ihren Blüten so zu betören, dass sie in den Adelsstand erhoben wurden.

Für die Seerose war das ein längerer Weg. Obwohl sie bereits im alten Ägypten in den Häusern der Herrschenden ein- und ausschwamm und die alten Griechen ihren botanischen Namen *Nymphaea* von den Naturgöttinnen ihrer Mythologie herleiteten, musste sie, genauer ihre Rhizome, in Europa erst als Schweinefutter, Färbemittel und zum Bierbrauen herhalten, bevor man ihren Zierwert erkannte.

Wundervolle Blüten

Die Züchter, allen voran der Franzose Marliac (1830–1911), vollbrachten Erstaunliches: Die Blüten der Seerose sind das Auffälligste, Farbenreichste, was das Wasserpflanzenreich zu bieten hat. Es sind standhafte Dauerblüher mit der nötigen Portion Alltagstauglichkeit. Das brachte die Mischung zu Wege: Kraft und Winterhärte der europäischen Arten gepaart mit der Blütenpracht tropischer Vertreter. So entstanden für unsere Breiten robuste, zumeist frostharte Sorten in den Blütenfarben Weiß, Gelb, Apricot, Rosa, Rot und all ihren Zwischentönen.

Auch die Blütenformen sind vielgestalt, was sich in Beschreibungen wie stern-, tassen-, tulpen-, kugel-, kelch-, strahlen- oder schalenförmig ausdrückt. Selbst gefüllte und natürlich eine Reihe duftender Schönheiten fehlen nicht. Die kleinste Blüte misst im Durchmesser gerade einmal 3 cm *(Nymphaea × helvola)*, ihr großes Gegenüber wartet hingegen mit stattlichen 25–30 cm auf *(Nymphaea* 'Pöstlingberg'). Etwas wunderlich verhalten sich die Seerosenblüten im Übrigen auch: Sie scheinen ihre Arbeitszeiten zu kennen. Einige öffnen verlässlich morgens früh und schließen abends später ('Princess Elizabeth', 'Escarboucle'), andere

Es sind die größten und schönsten Blüten, die der Wassergarten zu bieten hat.

»kommen später und gehen früher«. Und im Sommer, wenn fast alle etwas früher aufstehen, machen sie dafür eher Feierabend. Ist das Wetter schlecht, wird ohnehin länger geschlafen, denn bei fehlender Sonne, Kälte und Regen nimmt die Blühwilligkeit ab. Da gehört 'Fritz Junge' zu den Standhaften, die Blüten haben lange und auch bei schlechter Witterung weit geöffnet.

Mit der Blütenfarbe ist das ebenfalls so eine Sache: Bei verschiedenen Sorten ist sie veränderlich. Verständlich, wenn die ein oder andere bei fehlendem Licht verblasst und eine hellere Farbe annimmt. Mancher Wechsel vollzieht sich jedoch mit fortschreitendem Blütenalter von allein. 'Rosennymphe' ist im Aufblühen tiefrosa, im Verblühen fast weiß, 'Graziella' öffnet sich rotorange, wird dann aber kanariengelb und die Sorte 'Sioux' wechselt von Chromgelb langsam zu Kupferrot. Neupflanzungen brauchen oft eine Weile, bis sie zu ihrer Farbe gefunden haben, die hübsche 'Attraction' gönnt sich dafür sogar einige Jahre.

Standortbedingungen, Auswahl und Pflanzqualität

Seerosen blühen je nach Witterung von Mitte/Ende Mai bis in den September. Jede Einzelblüte hält bis zu einer Woche, bevor sie zum Grund absinkt. Wichtiger Standortfaktor, damit die Nymphen sich möglichst reich entfalten, ist ein Platz an der Sonne. Je mehr Licht, desto lieber! Das gilt allen voran für gelbe und farbwechselnde Sorten, die von der Wärme liebenden *Nymphaea mexicana* abstammen. Diese können übrigens, wenn sie in flachem Wasser stehen, in strengen Wintern auch schon mal frostgefährdet sein (siehe Seite 93). Wenige Sorten kommen noch mit Halbschatten zurecht, brauchen aber trotzdem mehrere Stunden Sonne täglich.

Info: Kleiner Exkurs – die Farbe Blau

Trotz aller züchterischer Bemühungen, es gibt noch immer keine winterharte blaue Seerose. Die Blaublütigen unter den adeligen Teichpflanzen sind tropische Schönheiten mit hohen Ansprüchen. Sie brauchen sehr viel Wärme und lieben es deshalb, in (beheizten) Wintergärten oder hellen, warmen Gewächshäusern, in Kübeln und Schalen zu residieren. Während der Sommermonate sind einige Sorten ab Mitte Mai bereit für den Gartenteich. Da sie sehr warmes Wasser brauchen, müssen sie einen windgeschützten Platz in voller Sonne haben und flach (10–30 cm) stehen. Im Herbst holt man sie rechtzeitig wieder herein.

Wassertiefe und Ausbreitungsdrang von Seerosen

Wüchsigkeit	Wassertiefe	Platzbedarf	Bemerkung
Sehr stark wachsende Seerosen	> 100 cm	3–4 m²	für sehr große und Teiche in freier Landschaft
Stark wachsende Seerosen	70–100 cm	2(–3) m²	für sehr große bis große Teiche
Mittelstark wachsende Seerosen	40–70 cm	1–2 m²	für normale Teiche und große Fertigbecken
Kleinwüchsige Seerosen	30–50 cm	1/2–1 m²	für kleine u. Miniteiche, z. T. Kübel
Zwerg-Seerosen	10–30 cm	1/4–1/2 m²	für Miniteiche, Kübel

Die schönsten Seerosen auswählen

Die Auswahl trifft man nicht allein anhand der gewünschten Farbe. Ganz wichtig ist es, die bevorzugte Wassertiefe und die Wüchsigkeit der jeweiligen Art oder Sorte zu berücksichtigen. Die Wasser- bzw. Pflanztiefe, auch als Wasserstand bezeichnet, meint den Abstand zwischen Wurzelhals und Wasserspiegel. Seerosen, die zu tief im Wasser stehen, bringen ihre Blüten nicht mehr bis an die Oberfläche und kümmern. Setzt man eine Seerosenart oder -sorte zu flach, schieben sich die Blätter weit übers Wasser und lassen die Blüten dazwischen gar nicht erkennen. Auch der Platzanspruch verschiedener Seerosen ist sehr unterschiedlich und sollte im guten Verhältnis zur gesamten Teichgröße stehen, zumal nicht mehr als ein Drittel der Wasseroberfläche von Blättern bedeckt sein sollte. In großen Teichen oder weiter vom Betrachter entfernt, machen sich großblütige Seerosen besser, weil die Blüten aus der Ferne noch gut sichtbar sind. Besonders schön wirken sie, wenn die einzelne Pflanze von Wasser umgeben ist.

Seerosen einkaufen und beurteilen

Gute Qualität erkennt man daran, dass die Seerosen nicht frisch getopft, sondern gut bewurzelt sind. Sie sollten einen weißen, gut durchwurzelten Ballen haben, wenn man die Pflanze vorsichtig aus dem Container hebt. Auch ein kräftiger Blattaustrieb ist ein gutes Zeichen. Neben dem Erwerb von Containerware, die das Anwachsen erleichtert, werden ungetopfte Rhizomstücke angeboten (häufig im Versand), die keine Faulstellen aufweisen dürfen. Neben den üblichen Einkaufsmöglichkeiten sind Wasserpflanzengärtnereien mit Schwerpunkt Seerosen die ideale Bezugsquelle. Außer dem Standardangebot findet man hier auch das Besondere oder kann es bestellen.

MEIN RAT

Seerosen unbedingt nach Sortennamen kaufen! Geben Sie sich nicht mit einer Farbangabe zufrieden. Nur so weiß man, welche Wuchseigenschaften und Standortwünsche die Schöne tatsächlich hat.

KÖNIGIN DES WASSERS: DIE SEEROSE | 91

'Pöstlingberg' trägt die größten Blüten aller Sorten.

'Marliacea Rosea' öffnet ihre Blüten schon morgens.

'Fritz Junge' duftet leicht und ist reichblühend.

'Escarboucle' gehört zu den besten Sorten.

'James Brydon', völlig robust und blühfreudig.

'Moorei' ist eine der härteren gelben Nymphen.

Wasserpflanzen für Töpfe und Kübel

Bei der Gestaltung von Töpfen und Kübeln mit Bewohnern des Wassergartens kann man unterschiedlich vorgehen. In einem Gefäß mit entsprechendem Durchmesser macht sich die Zusammenstellung verschieden wirkender und hoher Gewächse gut. Eine aufrechte Pflanze, zum Beispiel eine Blumenbinse, ein Zwerg-Rohrkolben oder eine Schwertlilie, setzt einen vertikalen Akzent. Darunter folgt etwas grünes oder buntes, breiterwüchsiges Füllmaterial wie Zwerg-Binse, Wasser-Minze oder Sumpf-Dotterblume, während auf dem Wasser noch ein Froschbiss oder eine Seerose schwimmt.

Werden mehrere Kübel miteinander arrangiert, könnte jedes Gefäß für eine Pflanzzone stehen. Ein einzelner Dekotopf eignet sich auch zur Darstellung einer besonderen Pflanze wie einer eleganten Zwerg-Seerose. Die Kunst bei der Trogpflanzung liegt in der Einschränkung, meist benötigt man nicht mehr als ein bis drei Arten.

Pflanzung und Pflege

Die Gefäße sollten wenigstens 30 cm tief sein. Die Pflanzen belässt man in Gittertöpfen. Zum einen wird das Wachstum in Grenzen gehalten, zum anderen setzt man jedes einzelne Gewächs mit Hilfe von aufeinander gestellten Steinen auf die ihm gemäße Wassertiefe. So eine Trogpflanzung ist ein sehr instabiles System, weshalb man häufiger regelnd eingreift, um Algen abzufischen, die Pflanzen zu pflegen und auch mal etwas auszutauschen, was im Kübel nicht so langlebig ist oder zu üppig wächst. Dünger erhalten besonders hungrige Pflanzen wie die Seerosen, Schwertlilien oder der Froschlöffel nach Bedarf und direkt zugeteilt. Da nur wenig Wasser mit darin gelösten Nährstoffen zur Verfügung steht, brauchen die Pflanzen manchmal mehr Nahrung als im Teich. Im Winter muss ins Haus, was draußen erfrieren würde, die Winterharten harren aus. Im Wasser stehende Halme oder die teilweise Abdeckung mit einer Styroporplatte verhindern

Harmonie aus vielgestaltigem Laub, rosa Seerosenblüten und blau glasierter Keramik.

das völlige Durchfrieren. In strengen Wintern kann man die Kübel mit gelochter Noppenfolie zusätzlich etwas isolieren. Frostgefährdete Gefäße müssen selbstverständlich ins Haus geräumt werden.

Viele Vertreter der Flachwasser-, Sumpf- und Feuchtzone, die nicht allzu wüchsig sind und der geringen Wassertiefe entsprechend ausgesucht werden, eignen sich für das Leben im Trog. Eine Auswahl finden Sie in untenstehender Tabelle. Ebenfalls fündig werden Sie bei den nicht winterharten Wassergartenbewohnern. Die Wasserhyazinthe, -mohn und -salat,

MEIN RAT

Einige der kleinen, farbigen Seerosen sind bei einem sehr flachen Stand nicht sicher frosthart. Entweder setzt man sie dann zum Winter bei 50–60cm Tiefe in den Gartenteich oder überwintert sie in einem kühlen, frostfreien Raum.

Schwimmfarn oder Feenmoos nehmen den Sommer über gern einen Platz im Gefäß-Garten in Anspruch.

Pflanzen für den Mini-Wassergarten

Deutscher Name	Botanischer Name
Amerikanischer Froschlöffel	*Alisma subcordatum*
Blumenbinse	*Butomus umbellatus*
Sumpfkalla	*Calla palustris*
Wasserstern	*Callitriche palustris*
Sumpf-Dotterblume	*Caltha* in Arten
Raues Hornblatt	*Ceratophyllum demersum*
Sumpf-Schachtelhalm	*Equisetum palustre*
Tannenwedel	*Hippuris vulgaris*
Froschbiss	*Hydrocharis morsus-ranae*
Schwertlilie, Iris	*Iris* in Arten und Sorten
Zwerg-Binse	*Juncus ensifolius*
Pfennigkraut	*Lysimachia nummularia*
Blut-Weiderich	*Lythrum salicaria*
Fieberklee	*Menyanthes trifoliata*
Papageienfeder	*Myriophyllum aquaticum*
Goldkeule	*Orontium aquaticum*
Zwerg-Rohrkolben	*Typha minima*

(Zwerg-)Seerosen für den Mini-Wassergarten

Art/Sorte	Blüte/Bemerkungen
'Aurora'	gelb-rosa-dunkelorange
'Berthold'	hellrosa
'Chrysantha'	gelb-apricot-zinnoberrot
'Ellisiana'	feuerrot
'Froebelii'	karminrot, reichblühend
'Graziella'	orangerot-kupfer-gelb
'Indiana'	pfirsichrosa-orangegelb-kupferrot, frostempfindlich
'James Brydon'	kirschrot, für größere Kübel
'Laydekeri Lilacea'	lilarosa, duftend
'Laydekeri Purpurata'	karmesinrot
'Maurice Laydeker'	rosarot
Nymphaea candida	weiß
N. × helvola	hellgelb, Winterschutz
N. pygmaea 'Rubra'	rosa, dann granatrot
Nymphaea tetragona	weiß, duftend
'Rose Arey'	lachsrosa, für größere Kübel
'William Falconer'	rubinrot, sehr dunkel

Gestalten mit Wasser- und Uferpflanzen

Die Verbindung von Wasser und Garten ist zum größten Teil Sache der Pflanzen. Sie unterstreichen oder verwischen, verbergen oder präsentieren. Um die Zusammenstellung zu lenken, gibt es gestalterische Kriterien.

Aufbau einer Wasser- und Uferpflanzung

Mit der Bepflanzung des Teichs und seiner Umgebung verfolgt man verschiedene Ziele. Das wahrscheinlich wichtigste ist, vom Ergebnis aller Bemühungen später so viel wie möglich zu sehen. Das ist wiederum eine Sache des Standorts. Vom Sitzplatz, der Terrasse, dem Steg, also von dort, wo man sich aufhalten und übers Wasser schauen möchte, muss die Fläche übersichtlich bleiben. Im Vordergrund wird das Grün deshalb niedrig gehalten, damit der Blick bis zur Gewässermitte schweifen kann. Nach hinten schließen sich die höheren Pflanzen an. Sie bilden die Kulisse, geben dem Ganzen einen Halt und vermitteln damit auch ein Stück Raumgefühl, das den Teich, wenn man so will, zum Wassergarten macht. Dies trifft vor allem auf frei gestaltete Gewässer zu.

Unterschiedliche Gestaltungsstile

Das **formale Becken** liegt eher offen. Es ist Teil seines Wesens, allseits in seiner geometrischen Form wahrgenommen werden zu wollen. Da ist eine rahmende Uferpflanzung eher hinderlich. Überhaupt erfüllt die Bepflanzung hier einen ganz anderen Zweck. Die Gewächse unterstreichen in der Hauptsache die Architektur. Dafür bedarf es nicht der Menge, sondern nur weniger Betonungen. Eine Afrikanische Wasserähre *(Aponogeton distachyos)*, Schwimmendes Laichkraut *(Potamogeton natans)* oder eine, vielleicht sogar blaue, Seerose unterstreichen die Wirkung der ruhenden Wasserfläche. Hingegen setzen Senkrechtstarter wie Iris, Hechtkraut *(Pontederia lanceolata)* und Rohrkolben *(Typha)* einen vertikalen Kontrapunkt. Die Künstlichkeit untermauert das etwas Ausge-

Im Wasserbecken gibt es kaum grüne Konkurrenz zum Kunstwerk, am Ufer nur einen dezenten Rahmen.

fallene, eine Zebra-Teichsimse *(Schoenoplectus tabernaemontani* 'Zebrinus'), das längs gestreifte, weißbunte Laub eines Bunten Kalmus *(Acorus calamus* 'Variegatus') oder einer Sumpf-Schwertlilie *(Iris pseudacorus* 'Variegatus'). Manchmal sind es nur drei oder vier Pflanzen in einem Becken, die sich auf der sonst freien Fläche spiegeln.

Zurück zum **natürlich gestalteten Teich**. Hier liegt der Reiz in üppigen Pflanzungen, der Kombination verschiedener Formen und Farben. Die Abwechslung im Spiel mit den Formen wird in der Hauptsache von der **Vielfalt des Blattwerks** bestritten. Schmale, runde oder grasartige Halme wechseln mit breitblättrigem Laub, das manchmal ganz ausgefallene Umrisse wie das des Pfeilkrauts *(Sagittaria sagittifolia)* hat. Doch auch der Flor trägt zur Abwechslung bei. Im Vordergrund will die einzelne Blüte zur Geltung kommen. An einer Seerose oder Wasserhyazinthe bestaunt man den Blütenaufbau mindestens ebenso wie die Farbe. Und die nur daumennagelgroßen Blütchen des Froschbiss *(Hydrocharis morsus-ranae)* sowie die gefransten Blüten des Fieberklees *(Menyanthes trifoliata)* muss man einfach aus der Nähe sehen. Im Hintergrund sorgt die Masse für Aufmerksamkeit. Viele Einzelblüten von Sumpf-Dotterblume *(Caltha)*, Iris, Weiderich *(Lythrum)* oder Vergissmeinnicht *(Myosotis)* ergeben gut sichtbare Farbkleckse. Andere bestechen mit der Fernwirkung ihres Blütenstandes aus Hunderten von Einzelblütchen; so machen zum Beispiel die Kerzenligularie *(Ligularia przewalskii)* oder der Molchschwanz *(Saururus cernuus)* ihren bildlichen Namen alle Ehre. Die vorherrschende Frühjahrsfarbe ist das Gelb, und sie bleibt auch im Laufe des Jahres häufig.

Später steuern Iris oder Hechtkraut Blau- und Weißanteile hinzu, während die Seerosen, Schwanenblume und Weiderich für Rot, Rosa oder Weiß verantwortlich zeichnen. Insgesamt aber wird und soll die **Farbe im Wassergarten** nie die Rolle wie in einer Staudenrabatte spielen. Für den natürlichen Charakter ist formenreiches Blattwerk gleichermaßen wichtig.

Mit Wuchshöhen Akzente setzen

Trotz der eingangs erläuterten **Staffelung** variieren die Gewächshöhen innerhalb der Pflanzung selbstverständlich auch. Mit höheren oder breit ausladenden Pflanzen setzt man Fixpunkte. Im Wasser eignen sich wieder besonders die Schwanenblume *(Butomus umbellatus)*, der Blut-Weiderich, Hechtkraut oder Schwertlilien. Am feuchten wie trockenen Ufer

Der natürlich gestaltete Wassergarten lebt vom Pflanzenreichtum, von der Vielfalt der Farben, der vor allem grünen Farbtöne der Blatt- und Blütengestalten.

sind dies häufig Gräser oder auffallende Blattschmuckstauden. Sie alle werden von größeren oder kleineren Gruppen niedrigerer Pflanzen umspielt. Wenn es der Platz zulässt, sollte am Ufer auch (wenigstens) ein Gehölz, mit gebührendem Abstand vielleicht ein Großstrauch oder sogar Baum stehen. Zusammen mit immergrünen Randpflanzen und den trockenen Halmen und Fruchtständen der Wasserpflanzen bilden sie das Gerüst für die winterliche Kulisse.

Übergangsbereiche

Im Übergang vom feuchten zum trockenen Ufer ist eine nahtlose Verbindung beider Bereiche und eine nicht umlaufend gleich breite, aber in Teilen geräumige Uferzone gestalterisch am wichtigsten. Ein natürlich angelegter Teich ohne etwas üppiges Umfeld wird sich nur schwer integrieren können. Nützlich ist es obendrein, innerhalb der Kapillarsperre als Standort für wasserreinigende Pflanzen, beiderseits der Dichtung als wichtiger Lebens- und Nahrungsraum für viele Tiere. Die Feuchtzone kommt in Gartengewässern häufig nur spärlich oder gar nicht vor, was optisch nicht so sehr auffällt, wenn die Pflanzen der angrenzenden Gartenzone für einen adäquaten Ersatz sorgen. Da üppiges Wachstum und große Blätter solche Standorte suggerieren, ist zum Beispiel das Laub des Kaukasus-Vergissmeinnicht *(Brunnera macrophylla)* und der Bergenie *(Bergenia-*Hybriden) an kleinen Teichen passend, im großen Rahmen sind es das Schaublatt *(Rodgersia* in Arten) oder der Zierrhabarber *(Rheum palmatum* 'Tanguticum').

Das trockene Ufer ist der Mittler zwischen Teich und den übrigen Gartenbereichen. Wenn es in der Sonne liegt, kann es dort abwechslungsreich blühen. Im Schatten, wo der Boden feuchter ist und die Luftfeuchtigkeit höher liegt, herrschen Grüntöne von Blattschmuckstauden, Gräsern und Farnen vor. Einige wenig lichthungrige Stauden, die gelb (Goldfelberich/*Lysimachia punctata*, Kreuzkraut/*Ligularia)* oder weiß (Silberkerze/*Cimicifuga)* blühen oder weiß panaschierte Blätter tragen (Funkien/*Hosta)*, empfindet man in dunkleren Partien als angenehm aufhellend.

Im Allgemeinen leitet die Uferpflanzung fließend zum weiteren Gartengeschehen über, der Rasen oder ein neues Thema schließen sich an. Nur wenn der Wassergarten eigenständig, zum Beispiel im Stil einer japanischen Landschaft oder streng formal angelegt ist und sich dies nicht im Garten fortsetzt, kann eine klare, sichtbare Abgrenzung sinnvoll sein.

Am trockenen Ufer darf es gern mal ein Gehölz, hier Fächer-Ahorn, sein, dessen Geäst auch im Winter Struktur zeigt.

Stelldichein an Teich und Bach

Kleine Teiche bepflanzt man zurückhaltend, damit genügend freie Wasserfläche sichtbar bleibt. Der Anteil von Einzelpflanzen ist höher, man sollte sich mit kleinen Gruppen begnügen. Für Röhrichtpflanzen bleibt kaum Platz, dafür liefern Gräser am Ufer einen optischen Ersatz.

Die **Bepflanzung von Bächen** unterscheidet sich nicht wesentlich von der Teichbegrünung. In den Strömungsbereichen können sich einige Unterwasserpflanzen der ständigen Bewegung widersetzen, wenn sie am Grunde verankert werden. Sie schützen Insekten und Kleintiere vor der Strömung und fungieren wie immer als Sauerstofflieferanten. Die Wasser-Minze, der Fieberklee, das Bodensee-Vergissmeinnicht *(Myosotis rehsteineri)* die Bachbunge *(Veronica beccabunga)*, die Brunnenkresse *(Nasturtium officinale)* und einige andere mögen die Bewegung des vorbeistreifenden Wassers und besiedeln die sumpfigen Randzonen des Fließgewässers. In der Hauptsache werden die Stillwasserbereiche und das Ufer begrünt. Hier kommen alle Pflanzen in Frage und die Auswahl erfolgt nach Standortgegebenheiten. Die Ufer sind meist schmal und der Bewuchs bis auf einige »Höhepunkte« niedriger, damit der Bachverlauf sichtbar bleibt. Recht gut macht es sich, Fugen und kleine Pflanznischen zwischen Steinen am Ufer zu nutzen.

Der Pflanzplan

Um die Pflanzen für den zukünftigen Wassergarten endgültig zusammenzustellen, ist es hilfreich, einen Plan (falls nicht bereits vorhanden) anzufertigen. Der Grundriss (im Maßstab 1:20,

MEIN RAT

Werden Teile des Ufers durch Anschütten von Boden modelliert, darf die Böschung nicht so steil ausfallen, dass bei starkem Regen Erde ins Wasser gespült wird. Auch gestalterisch wirken sanfte Geländebewegungen harmonischer.

für größere Areale 1:50) zeigt das Gewässer mit Tiefenzonen sowie den gesamten Ufer- und Gartenbereich, soweit er bearbeitet werden soll. Sind große Steine, Wurzeln oder ein Wasserspiel am Teichrand vorgesehen, werden sie eingezeichnet. An diesen Stellen soll das Grün die Stücke schließlich dekorieren und nicht aus Versehen verstecken.

Am Bach ist es oft die Liaison zwischen Pflanzen und Steinen, die dafür sorgt, dass Wasserlauf und Ufer harmonisch miteinander verwachsen.

MEIN RAT

Anhand von Fotos und Darstellungen in Büchern und Zeitschriften kann man mögliche Pflanzenkombinationen studieren. Oft ist es einfacher, mit Hilfe solcher Beispiele als Einstieg eigene Zusammenstellungen zu finden. Standortbedingungen berücksichtigen!

Mit Hilfe genauer Beschreibungen der Pflanzen erfolgt die Auswahl: nach Licht- und Standortverhältnissen, Blütenfarben, Blütezeit, Wuchshöhe sowie der bevorzugten Wassertiefe der Wasserpflanzen. Wer sich die Arbeit vereinfachen möchte, fertigt zunächst eine Liste mit den in Frage kommenden Gewächsen an.
Die Darstellung im Plan kann durch Kreise und Flächenumrisse erfolgen. Große Einzelpflanzen bekommen einen eigenen Kreis, Gruppen werden als Fläche dargestellt. Zum besseren Erkennen malt man die Umrisse in der Blütenfarbe aus. Alternativ erhält jede Pflanze ein eigenes Symbol.

Leit- und Begleitpflanzen

Zuerst sucht man so genannte Leitpflanzen aus. Sie stehen einzeln als Solitär oder in kleinen Gruppen und sind das Gerüst der Pflanzung. Im Teich gehören je nach Größe beispielsweise die Seerosen, Schwertlilien, Kalmus, Goldkeule und der Zungen-Hahnenfuß dazu. Am Ufer können es ein Gehölz, Gräser, Blattschmuck- oder hohe Blütenstauden sein. Es folgen die Begleiter, Pflanzen, die in Gruppen wachsen (für den Teich: Sumpf-Dotterblume, Froschlöffel, Pfeilkraut, Tannenwedel) und die Flächenbegrüner vor allem der Sumpfzone (Vergissmeinnicht, Polei-Minze, Gauklerblume).

Den Überblick bewahren

Anhand des Entwurfs fällt nun vielleicht schon auf, ob zu viele verschiedene Gewächse kunterbunt beieinander stehen oder der Teich überfrachtet wirkt. Bedenken Sie: Etwa zwei Drittel der Wasseroberfläche sollten frei von Bewuchs bleiben. Dabei darf man sich auch nicht von den kleinen Pflänzchen täuschen lassen, die zum Kauf angeboten werden. Nirgends gedeiht das Grün so rasant wie im Wasser. Lieber nachpflanzen! Apropos: Es gibt Wasserpflanzen, die scheinen das Wachsen erfunden zu haben. Und weil Teiche im Hausgarten in aller Regel nicht riesig sind, sollte man sich vor diesen Gewächsen, die über Ausläufer rasch und weit vordringen und häufig aus dem Röhrichtgürtel stammen, hüten. Der Teich würde in kürzester Zeit zugewuchert oder es müsste ständig ausgelichtet werden.
So sind zum Beispiel der Schmal- und Breitblättrige Rohrkolben *(Typha angustifolia, T. latifolia)*, das Rohrglanzgras *(Phalaris arundinacea)*, Schilf *(Phragmites australis)* sowie Teich- und Wald-Simse *(Schoenoplectus lacustris, Scirpus sylvaticus)* und verschiedene Seggen-Arten *(Carex)* zur Direktpflanzung im Gartenteich nicht brauchbar. Manche Wucherer lassen sich mit Hilfe großer, geschlossener Kübel beherrschen. Genaue Informationen in Katalogen oder vom Fachmann sind für die Pflanzenauswahl deshalb unentbehrlich. Einige dieser ungestümen Gesellen haben kleinere Geschwister, Arten, die zahmer wachsen. Anstelle der über mannshohen Rohrkolben kann man auf *Typha laxmannii, T. shuttleworthii* und

T. minima zurückgreifen. Verträgliche Seggen sind Palmwedel- und Morgenstern-Segge *(Carex muskingumensis, C. grayi)*.

Standortansprüche berücksichtigen

Wenn die Pflanzung zusammengestellt ist, kann man noch einmal prüfen, ob sie auch nach funktionalen Gesichtspunkten stimmig ist. Sind die Pflanzen ihren Wassertiefen zugeordnet, sind ausreichend Schwimmblattpflanzen zur Beschattung der Oberfläche vorhanden und gibt es Vertreter zur Aufrechthaltung der Wasserqualität? Was noch fehlt, kann jetzt auf dem Plan ergänzt oder ausgetauscht werden. Außerdem ist es an der Zeit, die unverzichtbaren, Sauerstoff spendenden Unterwassergewächse gemäß Standort zu notieren, die leider gern vergessen werden, weil sie optisch nicht so sehr ins Gewicht fallen.

In der Theorie klingt alles vielleicht komplizierter, als es ist. Der durchschnittliche Gartenteich ist ein überschaubares Projekt. Die größte Kunst liegt darin, sich bei aller Fülle zu beschränken. Wichtig ist, anhand der Planung Vorstellungen zu entwickeln. In einer guten Gärtnerei kann man sich immer noch fachliche Unterstützung holen. Nur kein Perfektionismus, manches kommt auf den Versuch an: Ist das Ergebnis nicht ganz zufrieden stellend, kann man immer noch Pflanzen umstellen, ergänzen oder notfalls auch wieder entfernen. Der Experimentierlust sind eigentlich keine Grenzen gesetzt.

Mit einem Pflanzplan fällt es leichter, Ordnung in die Auswahl zu bekommen. Jede Pflanze erhält eine Ziffer, die sich auf der zugehörigen Pflanzenliste wiederfindet. **1** Seerose 'Berthold', **2** Sumpf-Schwertlilie, **3** Blut-Weiderich, **4** Sumpf-Vergissmeinnicht, **5** Sumpf-Dotterblume.

Die Pflanzung

Das Projekt Wassergarten steht kurz vor der Fertigstellung. Pflanzeneinkauf und Pflanzung der Gewächse sind nun die letzten großen Schritte auf dem Weg dorthin.

Das geeignete Substrat

Erdmischungen für Sumpf- und Wasserpflanzen müssen vor allen Dingen nährstoffarm sein, um die Folgen einer Überdüngung nicht von vornherein heraufzubeschwören. Zwar darf es etwas belebter Boden sein, er darf aber keine organischen Bestandteile enthalten, die sich noch zersetzen. Sie würden im Wasser faulen. Geeignet ist der meist lehmige Teichaushub der unteren Bodenschichten (ab etwa 30 cm). Der im Lehm vorhandene Tonanteil wirkt regulierend, bindet überschüssige Nährstoffe und gibt sie bei Bedarf wieder frei. Ist dieser Boden sehr dicht, mischt man ihn mit zwei Teilen grobkörnigem Sand, um die Struktur aufzulockern, was langfristig den Austausch der im Wasser gelösten Stoffe erleichtert. Zu sandigen Böden ist ein Lehmanteil hinzuzufügen.

Info

Bei käuflichen Wasserpflanzenerden sollte man unbedingt auf Qualität achten. Sie dürfen keinerlei Dünger enthalten und nicht zu leicht sein. Drauf schauen, was drin ist!

Keine Zusatznahrung

Dünger wird dem Substrat nicht beigemischt. Die Pflanzen sind versorgt und was zu viel ist, würde zu Fäulnis oder gar Verbrennungen sowie unerwünschtem Algenwuchs führen. Für die Nahrung, die die Gewächse brauchen, sorgt die Natur alsbald allein. Wo etwas wächst, stirbt auch etwas ab und bei der Zersetzung des anfallenden organischen Materials entstehen die nötigen Zutaten für neues Wachstum. Lediglich dem Substrat sehr hungriger Pflanzen wie Seerosen, Hechtkraut, Schwanenblume oder Goldkeule kann man einen zusätzlichen Vorrat beimengen. Dazu wird eine kleine Menge Hornspäne oder Dünger mit Lehm zu Kugeln gerollt und nahe dem Wurzelballen in den Boden gedrückt. Lassen Sie sich eine genaue Düngeempfehlung geben.

Die richtige Substratstärke

Die Substratstärke für die Direktpflanzung im Teich beträgt in Sumpf und Flachwasser 10–20 cm. In der Tiefwasserzone genügen 5 cm. Hier muss der Grund auch nicht flächendeckend verteilt werden, sondern kann sich auf die bepflanzten Bereiche oder Pflanzhügel beschränken.

Die Pflanzzeit

Früher standen die »Eisheiligen« für den Saisonbeginn. Heute kann man Wasser- und Sumpfpflanzen schon im März/April bekommen und einsetzen. Und da das meiste in Töpfen angeboten wird, lässt es sich problemlos bis in

den August, teilweise sogar bis Mitte September pflanzen. Die beste Zeit bleiben dennoch die Monate Mai bis Juni (Juli). Das warme Wasser begünstigt das Anwachsen und die Wasserbewohner haben eine Vegetationsperiode, um sich zu entwickeln. Die Exoten dürfen generell frühestens Mitte Mai nach draußen.
Bei einer späten Pflanzung ist die Wurzelbildung mancher Gewächse schon schwächer und ihre Widerstandskraft dementsprechend geringer. Im Spätjahr sollte man nur auf gut entwickelte Containerware zurückgreifen.

Bezugsquellen und Pflanzenqualität

Auf der Suche nach Wasserpflanzen wird man in (Stauden-)Gärtnereien und Gartencentern eine mehr oder weniger umfangreiche Auswahl des gängigen Sortiments finden. Schon etwas größer ist das Angebot im Gartenfachhandel mit einem Betriebsschwerpunkt Wassergarten (Teichbau, Teichtechnik), sofern Pflanzen zum Programm gehören. Die ergiebigste Quelle sind allerdings Spezialgärtnereien für Wasserpflanzen. Hier erhält man das breite Spektrum der Wasser- und Sumpfgewächse, nicht nur in seiner ganzen Vielfalt, sondern auch in vielen Arten und Sorten der einzelnen Pflanzengattungen. Wuchshöhe, Wuchsart oder Blütenfarbe können konkret ausgesucht werden. Was dann noch fehlt, kann man gegebenenfalls sogar dort bestellen. Gute fachliche Beratung, manchmal auch Anschauungsteiche lohnen die Mühe, einen solchen Betrieb auch weiter entfernt aufzusuchen. Einige dieser Gärtnereien bieten außerdem den Versand von Wasserpflanzen an.

MEIN RAT

Die Angebotslisten der Spezialgärtnereien mit den wichtigsten Merkmalen und der empfohlenen Wassertiefe zu jeder Pflanze sind häufig ins Internet gestellt. Eine wertvolle Hilfe bei der Auswahl!

Adressen solcher Betriebe erhält man außer im Anhang beim Bund deutscher Staudengärtner (Anschrift Seite 124).

Pflanzen kaufen

Erst einmal ist es wichtig zu wissen, was man kauft. Pflanzen, die nicht genau beim Namen genannt werden, lässt man gleich stehen. Hilfreich sind Stecker im Topf, die das Bild der Pflanze zeigen und die notwendigen Informationen in Kurzform liefern.

Gittertöpfe, bei Bedarf Pflanztuch, Teicherde sowie Zierkies und natürlich die Pflanzen gehören auf die Einkaufsliste, wenn der Plan in die Tat umgesetzt werden soll.

Qualität erkennt man vor allem an dem, was man nicht sofort sieht, an den Wurzeln. Die meiste Ware wird in Containern, also geschlossenen Kunststofftöpfen angeboten. Der Wurzelballen darin sollte fest, die Wurzeln selbst weiß sein und nicht schon stark durch die Abzugslöcher wachsen. Für eine Stichprobe hält man den Topf schräg nach unten, schlägt ihn leicht an und zieht den Ballen vorsichtig heraus. Triebe und Knospen sind meistenteils noch nicht sehr groß, wenn man im Frühjahr kauft. Es reicht, wenn das, was man sieht, vital und nicht beschädigt ist.

Ungetopfte Ware sollte ebenso kräftige, gesunde Wurzeln haben, nicht gedrückt und frei von Faulstellen sein. Einige Schwimm- und Unterwasserpflanzen werden »portionsweise« verkauft, das heißt vorzugsweise in durchsichtigen Kunststoffbechern, mit einem Deckel verschlossen und etikettiert (!) angeboten. Eine fachliche Beratung ist hilfreich. Der Spezialist kennt seine Zöglinge und ihre Eigenschaften, kann eine stärker oder schwächer wachsende Sorte benennen, Alternativen zeigen, auf Wunsch Stückzahlen für den genauen Bedarf ermitteln. Auch die passenden Größen für benötigte Pflanzkörbe empfiehlt er.

Das erstandene Sortiment wird seitens der Gärtnerei transportgerecht verpackt.

Wenn nach dem Einkauf nicht sofort mit der Pflanzung begonnen wird, öffnet man die Transportverpackungen und sorgt für ausreichend Feuchtigkeit oder stellt die Gewächse in wassergefüllte Gefäße. Unterwasser- und Schwimm-

Gute Ware: Die Pflanze hat einen festen, gut durchwurzelten Ballen und die Wurzeln sehen weiß und gesund aus.

Schwimm- und Unterwasserpflanzen gibt es im Becher zu kaufen, dessen Inhalt aber ein Etikett verraten sollte.

blattpflanzen müssen gleich ins Wasser. Alle erhalten einen schattigen, kühlen Platz. Auf diese Art harren die Neuerwerbungen einige Tage bis zur Pflanzung aus.

Das Einpflanzen

Grundsätzlich kann man direkt in das im Teich ausgebrachte Substrat oder in Körbe pflanzen. Die **Direktpflanzung** – im tiefen Wasser nur bei der Neuanlage vor dem Wassereinlauf praktikabel – sieht sicher am natürlichsten aus und ist für große Naturgewässer eine gute Lösung. Hier kann man den Pflanzen alle Entwicklungsmöglichkeiten geben, ohne dass bald regulierend eingegriffen werden müsste.

Pflanzung im Bodengrund

Zur Pflanzung werden die Gewächse mit Hilfe des Pflanzplans an Land schon vorsortiert. Erst unmittelbar bevor sie in den Boden kommen, werden sie ausgetopft, geknickte, vergilbte Blätter und Faulstellen abgeschnitten und falls vorhanden Wasserlinsen oder sonst Anhaftendes abgespült. Das Pflanzloch muss so groß sein, dass die Pflanzen bequem hineinpassen und auf gleicher Höhe wie im Container zu stehen kommen. Zu lange Wurzeln ungetopfter Ware werden angeschnitten und locker eingelegt, ohne sie gegen ihr Naturell zu biegen. Dann Substrat anfüllen, dabei die Gewächse nicht tiefer als bis zu ihrem Wurzelhals eingraben und Erde fest andrücken. Wurzelnde Unterwasserpflanzen drückt man etwas am Grund an oder legt sie schlicht auf und beschwert sie mit einem Stein. Die Abdeckung des Bodengrunds mit einer Schicht grobem Kies verhindert das Aufschwimmen leichter Böden und verleidet grundelnden Fischen später das Wühlen. Nach dem Pflanzen zumindest die Wurzeln gleich fluten.

Pflanzung in Gefäßen

Leider sind die meisten Anlagen für eine Direktpflanzung nicht groß genug. Dann ist zumindest für die großen Schwimmblattpflanzen und wuchernde Arten die Pflanzung in Gefäßen angebracht. Hier werden sie im Wachstum eingedämmt, auswachsende Ausläufer können leichter entfernt und die Gewächse zwecks einer Verjüngung aus dem Teich genommen werden. Pflanzgefäße sind außerdem für Wasserbewohner sinnvoll, die zur Überwinterung in Haus oder tieferes Wasser gebracht werden müssen, deren Standhöhe mittels Podesten variiert wird oder die in formalen Becken stehen, in denen die natürliche Ausbreitung gar nicht erwünscht ist. Damit sich die Pflanzen trotz ihres begrenzten Wohnraums mit Sauerstoff und den im Wasser gelösten Nährstoffen gut versorgen können, kommen sie in Gittertöpfe (Körbe) aus Kunststoff oder Kokosfasertaschen. Jede Pflanze erhält ihren eigenen Korb. Er wird mit feuchter Zeitung, Pflanztuch oder Vlies ausgelegt – nicht bei Kokosfaser –, mit bei leichter Erde schon feuchtem Substrat gefüllt und die Gewächse wie auf den Abbildungen auf Seite 104 gezeigt, gepflanzt. Vor dem Einsetzen in den Teich kann man kleine und mittlere Körbe in ein wassergefülltes Gefäß (Mörteltrog) stellen, damit sich das Substrat vollsaugt und nicht aufschwimmt. Es wird empfohlen, bei den im Hausgarten üblichen Teichgrößen in der Tief- und Flachwasserzone mit Körben zu arbeiten. In der Sumpf- und Feuchtzone hingegen bietet es sich an, 10–20 cm Erde einzubringen und direkt zu

Korbpflanzung: **1** Im ersten Schritt den Gittertopf mit Pflanztuch auslegen und etwas Substrat einfüllen; **2** die Pflanze einsetzen; **3** bis zum Wurzelhals Substrat auffüllen und andrücken; **4** das Vlies einschlagen und die Oberfläche mit Kies abdecken.

pflanzen. Es sieht besser aus und ist auf Grund der dichteren Bepflanzung auch praktischer. Für Kinder ist der schlammige Boden außerdem eine Hemmschwelle im Übergang zum Wasser. Gleich welche Pflanzung: Unter den genannten Pflanz- bzw. Wassertiefen für die Gewächse ist der Abstand vom Wurzelhals (Oberkante Substrat) bis zur Wasseroberfläche gemeint. Nicht wurzelnden Schwimm- und Unterwasserpflanzen ist das egal, man wirft sie ganz einfach ins Wasser.

Pflanzung von Seerosen

Wüchsige Seerosen brauchen Körbe mit 50–60 cm Durchmesser bei 30–40 cm Höhe. (An nicht getopften Rhizomen (Wurzelstöcken) kürzt man lange Wurzeln ein, schneidet Faulstellen sauber ab und streut Aktiv- oder Holzkohlenpulver gegen Fäulnis auf die Schnittstellen. Den ausgelegten Korb zu zwei Dritteln mit Substrat füllen und durchfeuchten. Das Rhizom nach Wuchsform waagerecht, schräg oder senkrecht einlegen und Erde auffüllen, bis die Triebspitzen soeben bedeckt sind. Substrat leicht andrücken, einschlämmen und mit Kies abdecken, denn die Wurzelstöcke werden leicht aufgeschwemmt.
Zur Eingewöhnung stellt man die Seerosen (und andere Jungpflanzen der Tiefwasserzone) zunächst höher (auf einen Steinstapel) und senkt sie schrittweise ab.

Tricks für steile Ufer

An **steil abfallenden Ufern** kann man den Boden bis zu einer Neigung von 45° mit Hilfe von aufgelegten **Böschungsmatten** aus grobem Nylongeflecht (Krallgewebe) oder Kokosfaser halten, die mit Kunststoffhaken hinter der

MEIN RAT

Etiketten wieder zu den getopften Pflanzen stecken oder Körbe beschriften, um die Übersicht zu behalten und damit alles an seinen vorgesehenen Platz kommt.

Kapillarsperre am Teichrand befestigt und am Teichgrund einfach mit Steinen beschwert werden. Die Pflanzen setzt man in das Gewebe. Zur Begrünung noch steilerer Ufer bietet der Fachhandel Kokosgeflecht mit eingearbeiteten **Pflanztaschen** an, die Substrat und Gewächse aufnehmen und sichern.

Hilfsmittel zur Bepflanzung steiler Ufer: Kokosfasermatte mit praktischen Pflanztaschen.

Es ist tierisch was los!

Vielleicht wissen diese Tiere ja doch, wie eine Baustelle aussieht und lauern schon auf die Fertigstellung des Teichs oder Bachlaufs. Wie sonst ist das schnelle Eintreffen der ersten Siedler im Wassergarten zu erklären?

Die magische Anziehungskraft des Wassers

Zu den ersten Besuchern gehört, wer vorher schon in der Nähe lebte: Vögel und vielleicht ein Eichhörnchen oder Igel nutzen flache Uferstellen, um Wasser zu trinken. Die Vögel nutzen die Gelegenheit auch gerne für ein Bad.

Viele neue Siedler kommen aus der Luft, zum Beispiel der Rückenschwimmer, die Ruderwanze und der Wasserläufer. Sie gehören zu den Insekten. Der Gelbrandkäfer erscheint über Nacht, aber nicht, weil er so ein räuberisches Wesen hat und frisst, was ihm unter Vorderbeine und Kiefernzangen kommt, sondern wie andere Wasserinsekten ein nachtaktiver Flieger ist. Nach ein paar Tagen schwirren meist auch erste Libellen umher.

Andere Organismen werden mit den Pflanzen eingeschleppt. Unbemerkt bringt man Bakterien, Würmer, Spinnen, Schnecken oder Schneckenlaich aus der Gärtnerei mit. Vögel haben manchmal Mitbringsel im Gefieder.

Tiere wie diese Libelle finden ganz schnell zum Wasser. Es ist ihr Lebenselixier. Innerhalb kürzester Zeit hat sich eine umfangreiche Fauna versammelt.

Info

Es ist kein Grund zur Sorge, wenn man Stechmückenlarven unter der Wasseroberfläche identifiziert. Sie treten häufig in Teichen auf, werden aber nur sehr selten zur Plage, weil ihre zahlreichen Fressfeinde sie ordentlich dezimieren. Dazu gehört übrigens eine Fleisch fressende Unterwasserpflanze: der Wasserschlauch (*Utricularia*). Meist kommt das Übel aus einer anderen Ecke. Überall, wo Wasser steht, da genügt Regenwasser im Blumentopf, sind die wahren Brutstätten der Plagegeister. Deshalb sollte man nicht unnötig Wasser stehen lassen und die Regentonne abdecken.

Buntes Treiben

Es ist erstaunlich, was es binnen weniger Tage schon rund um den Teich zu beobachten gibt. Sicher sind stecknadelkopfgroße Wasserflöhe eingetroffen, die im Wasser schweben, oder vielleicht ein Wasserskorpion, der sein langes Atemrohr braucht, um Luft über der Wasseroberfläche zu holen. Die Libellen sind wahre Flugkünstler. Sie fangen ihre Beute, fressen sie und lieben sich: alles in der Luft.

Es lohnt sich genau hinzuschauen. Manche Tiere sieht man gleich, weil sie relativ groß sind, weil sie die freie Wasseroberfläche bevölkern oder direkt unter dem Wasserspiegel lauern. Andere muss man vorsichtig aufspüren. Sie ziehen sich ins Dickicht der Uferzone zurück, leben im Schutz von Unterwasserpflanzen oder im Schlamm auf dem Grund des Gewässers. So wie die Pflanzen bestimmte Zonen besiedeln, haben auch die Tiere ausgesuchte Wohnplätze. Amphibien und Reptilien erreichen den Teich über den Landweg. Dazu müssen sie passende Lebensbedingungen vorfinden und in der Nähe Lebensräume haben, aus denen sie zuwandern können. Trotzdem: Die Entnahme von Laich oder Tieren aus der Natur ist verboten!

Eine gastfreundliche Teich- und Ufergestaltung

Das Teichleben entwickelt sich also größtenteils von allein. Um die Tiere zu locken und dafür zu sorgen, dass sie sich wohl fühlen und bleiben, kann man aber etwas tun. Je vielfältiger der Lebensraum ist, desto artenreicher wird sich auch die Fauna im und am Wasser entfalten. Wurde die Bepflanzung den übrigen Teichfunktionen entsprechend vorgenommen, hat man für die Tiere gleichfalls einige Angebote geschaffen. Im dichten Röhricht leben viele Insekten, bringen Spinnen ihre Netze an, finden etliche Tiere Nahrung und Unterschlupf. Verstecke bieten die üppigen Pflanzen allemal. Das tun auch die großen Blätter der Schwimmblattpflanzen, unter denen sich zum Beispiel Fische und Frösche gern verbergen, wenn Letztere nicht gerade auf dem Blatt ein Sonnenbad nehmen. Zwischen den Unterwasserpflanzen finden ebenfalls zahlreiche Kleintiere eine Ruhe- oder Laichgelegenheit.

Natürlichkeit ist Trumpf

Zahlreiche Tiere verbringen nur einen Teil des Jahres oder ihres Daseins im Wasser und brauchen an Land ebenfalls ihrer Art entsprechende Refugien. Adrett aufgeräumte Ufer interessieren

An diesem Platz kommt so schnell keine Langeweile auf. Stundenlang kann man hier liegen und schauen, was immer am Teich so kreucht und fleucht.

MEIN RAT

Man kann einen oder mehrere Eimer Wasser aus einem gesunden Weiher oder einem eingewachsenen, intakten Gartenteich entnehmen und dem neu angelegten Gewässer hinzufügen. Auf diese Weise impft man das Wasser mit Bakterien, Einzellern und Kleinkrebsen wie den Wasserflöhen, Hüpferlingen und Muschelkrebsen. Sie sind Bestandteil des Planktons, vermehren sich sehr rasch und sind wichtige Bausteine in der Gewässerreinigung und als Nahrungsgrundlage für höhere Wassertiere.

sie wenig. Sie brauchen Zufluchts- und Rückzugsmöglichkeiten. Einige schätzen die Deckung dichterer oder lockererer Pflanzungen, andere mögen Trockenmauern, Stein- und Holz- oder Reisighaufen sowie alte Baumwurzeln. Die seltenen Reptilien brauchen verborgene, sonnige Steinhaufen als Versteck und um Wärme zu tanken. Die meisten Käferlarven bauen ihre Puppenhäuser an ungestörten Plätzen in den Boden. Nicht nur der Igel sucht sich zum Überwintern einen geschützten, mit Laub und Reisig gepolsterten Platz. Ein wenig Wildnis am Ufer steht dem natürlich gestalteten Teich also ganz gut. Sehr wichtig ist dabei ein Bereich, in dem die Tiere wirklich ungestört sind und nicht immer wieder vom nahen Treiben aufgeschreckt werden.

Säugetiere wie der Igel können nicht entkommen und ertrinken, wenn sie an rutschigen Rändern oder Steilufern ins Wasser fallen. An solchen Gewässerkanten, oft trifft dies auf Fertigteiche zu, kann der Ausstieg über ein schräg gestelltes Brett, dem man zusätzlich Querleisten aufsetzt, ermöglicht werden.

Teichbewohner, die man kaufen kann

Es gibt nur ganz wenige Tiere, die man einfach kaufen und im Gartenteich einsetzen kann. So sucht man Fische im Zoofachhandel nach

Ein Laufbrett für Säugetiere ermöglicht ihnen, das Wasser zu verlassen, wenn es kein flach auslaufendes Ufer gibt.

Großmuscheln gehören zu den käuflichen Wasserbewohnern. Im Bild ist die so genannte Teichmuschel zu sehen.

Gefallen und bestimmten Kriterien in der passenden Stückzahl aus. Lediglich kleine Fische gelangen sehr selten mal als Zugabe mit den Pflanzen oder durch Vögel ins Gewässer. Außerdem können Schnecken und Großmuscheln käuflich erworben werden. Schnecken treffen von alleine ein. Muscheln sind über den Fachhandel zu beziehen. Sie ernähren sich von Schwebteilchen und leisten damit einen unterschiedlich bewerteten Beitrag zur Wasserklärung. Der Bitterling, ein kleiner Fisch, braucht diese Muscheln zur Fortpflanzung.

Schildkröten: Neben der heimischen Europäischen Sumpfschildkröte werden farbigere Schmuckschildkröten angeboten – Exoten, die nicht in den Gartenteich gehören.

Schön, aber umstritten: Fische im Gartenteich

An den Fischen scheiden sich die Geister. Während ihre Liebhaber sich über zusätzliche Bewegung und Farbkleckse im Teich freuen und die Tiere liebevoll zu den Haus-, pardon Gartengenossen zählen, halten ihre Gegner mit der Gefährdung des ökologischen Gleichgewichts und der Artenverarmung in Fischteichen dagegen. Lediglich kleine, heimische Schwarmfische werden toleriert. In der Tat laben sich die geschmeidigen Schwimmer an den Kleinlebewesen des Gewässers, oft ohne selbst angefeindet zu werden, und wissen den Laich der Amphibien wohl zu schätzen. Mit ihren Exkrementen belasten sie die Wasserqualität. Auf der anderen Seite lässt sich zu keinem anderen Wassertier ein direkter Kontakt herstellen, kann man kein anderes aktiv betreuen. Fische zu füttern, macht halt Spaß.

Wer sich also für Fische entscheidet, sollte es guten Gewissens, aber maßvoll tun.

Grundlagen für die Fischhaltung

Je größer der Teich, desto besser. Fische brauchen Platz zum Schwimmen. Bepflanzte Flachwasserbereiche dienen ihnen als Versteck, dort finden sie Nahrung und Laichplätze. Ist der Teich groß genug, dass man einen Teil des Flachwassers zum Beispiel mittels eines Steinwalls fischfrei halten kann, umso besser für die anderen Bewohner. Sehr kleine Teiche erwärmen sich zu stark, es fehlt an Sauerstoff für die Tiere und Reinigungsprozesse. Manche Experten empfehlen keine Fische unter 9 m² Wasseroberfläche einzusetzen. Der Teich sollte wenigstens 80 cm, besser 100–120 cm tief sein, sodass der Grund im Winter eisfrei bleibt.

Am wichtigsten ist das Verhältnis zwischen Teichgröße und Fischbesatz. Eine Faustregel besagt, dass kleinere Exemplare bis 10 cm Fischlänge mindestens 50 l Wasser, größere Fische schon 500 l Wasser benötigen. Lassen Sie sich beraten.

Zur Auswahl sollte man wissen, wie groß die Tiere werden, wie stark sie sich vermehren, wie sie sich verhalten, wovon sie sich ernähren und mit welchen anderen Arten sie gut harmonieren. Manche Fische sind eher Einzelgänger, andere gesellige Schwarmfische. Beschränken Sie sich auf wenige Arten. Die heimischen Kleinfische mögen unscheinbarer sein, sind aber robuster und legen zum Teil interessante Verhaltensweisen an den Tag.

Fische kauft man besser erst ein, wenn die Teichpflanzen eingewachsen sind und sich das System stabilisiert hat. Der beste Zeitpunkt für den Fischkauf ist der Frühsommer.

Einige häufige Tiere kurz vorgestellt

Im Wasser leben verschiedene Tiergruppen. Die Zoologen unterscheiden nach Insekten, Spinnentieren, Krebstieren, Würmern, Weichtieren, Amphibien und Reptilien. Die Insekten sind dabei mit Libellen, Käfern, Wanzen, Fliegen, Mücken und Köcherfliegen die größte Gruppe. Ihre Entwicklung umfasst mehrere Stadien, vom Ei zur Larve und zum Vollinsekt oder Imago. Die Wasserspinne ist die einzige Spinne, die völlig abgetaucht lebt. Übrigens sind auch die Roten Wassermilben Spinnentiere. Krebstiere, Würmer, Muscheln und Schnecken sind für die Teichbiologie ebenfalls wichtige Bewohner. Und Amphibien, die wohl am sehnlichsten erwarteten Gäste.

Die Hufeisen-Azurjungfer (Männchen hellblau, Weibchen grün) ist eine Kleinlibelle, hier im Tandem zur Eiablage.

Fein säuberlich hat sich diese Larve einer Köcherfliege ihre Schutzbehausung aus »Strandgut« zusammengeleimt.

Gelbrandkäfer-Männchen (Weibchen tragen gefurchte Flügeldecken) haben lange Schwimmhaare an den Hinterbeinen. Es sind gefräßige Räuber.

ES IST TIERISCH WAS LOS! | 111

Unter Wasser müssen sich die Ruderwanzen halten, um nicht aufzutreiben. Vielleicht fliegen sie deshalb so gern.

Meist sind sie herzlich willkommen, Wasserfrösche und ihre Paarungsmusik. Die erwachsenen Tiere leben vorwiegend in Teichnähe.

Teichmolche (Männchen zur Laichzeit) sind unkompliziert und häufige Gäste im Wassergarten, die gut zu beobachten sind.

Die Posthornschnecke bevorzugt tiefes Wasser, frisst Algen und Abgestorbenes. Ihren Laich deponiert sie an Blättern, Holz und Steinen

Pflege rund um das Jahr

Eines kann man zur Beruhigung vorwegnehmen: Der Wassergarten ist kein besonders pflegeintensiver Bereich, wenn man erst einmal die Anstrengungen der Anlage hinter sich und ein funktionstüchtiges System auf den Weg gebracht hat. Mit einigen regelmäßig wiederkehrenden Arbeiten hat man einen kleinen Teich gut im Griff. Große Anlagen brauchen meist wenige, aber dafür umfangreichere Eingriffe.

Die Pflanzenpflege

Bei der Pflege des Wassergartens trifft der Spruch »weniger ist mehr« die Sache recht gut. Vor allem zu Beginn besteht die Hauptaufgabe darin, den Pflanzen beim Wachsen zuzusehen und vielleicht lästige auftretende Fadenalgen abzufischen. Später gilt es, das Wachstum in die richtige Bahn zu lenken.

Bitte nicht füttern: die Düngung

Während viele Land bewohnende Gewächse regelmäßig zum Saisonstart eine gute Portion Nahrung erhalten, damit sie sich prächtig entwickeln, ist im Wassergarten das Gegenteil der Fall. Bis auf wenige Ausnahmen ernähren sich die Pflanzen von den im Wasser gelösten und im Bodenmulm vorhandenen Nährstoffen. Sie sind meist so ausreichend vorhanden, dass jede vorsorgliche Düngung nicht nur überflüssig ist, sondern sogar die negativen Folgen eines Überschusses nach sich ziehen würde.

Bedarfsgerechte Düngung

Im Teich wird deshalb nur reagiert, wenn die Gewächse Mangelerscheinungen zeigen, also viele gelbe Blätter bekommen (vergilben), gar nicht recht blühen wollen, lediglich sehr zögerlich wachsen oder krankheitsanfällig sind. Das kann vorkommen, denn im Gegensatz zum Naturstandort müssen wuchsfrohe Gesellen hier mit dem wenigen Erdreich im Gittertopf zufrieden sein, Wurzelraum und Wurzelentwicklung sind begrenzt.

Sollten diese Symptome einmal längerfristig ohne andere erkennbare Ursachen auftreten, gibt man den betreffenden Pflanzen im Frühjahr (spätestens im Frühsommer) etwas Nah-

Im Teich herrschen gute Wachstumsbedingungen. Da muss ausgelichtet werden, was nach einiger Zeit zu sehr wuchert.

Info

Es ist völlig normal, dass verschiedene Wasserpflanzen im ersten Jahr noch verhalten wachsen und auch schon mal gelbe Blätter haben. Warten Sie ab, bevor Sie eingreifen.

rung. Doch auch dann gilt: Sparsam dosiert ist besser als überreagiert. Die Düngung erfolgt bei den wurzelnden Wasserpflanzen mit einem organischen Langzeitdünger wie Hornspänen, die mit Lehm gemischt, zu Kugeln gerollt und nahe dem Wurzelballen ins Substrat gedrückt werden (gibt es auch als Düngekugeln zu kaufen). Die zweite Möglichkeit, vor allem für Schwimmpflanzen mit kaum ausgebildetem oder fehlendem Wurzelwerk, besteht darin, einen speziellen Flüssigdünger für Wasserpflanzen auf den Blättern der unterversorgten Pflanzen auszubringen (bitte Gebrauchsanweisung beachten!).

Bei einigen wenigen, nährstoffbedürftigeren Gewächsen wie Froschlöffel, Blumenbinse und Schwertlilien, Wassernuss, Hechtkraut und Goldkeule macht sich das Fehlen von Nährstoffen relativ schnell bemerkbar. Bei den ersten Anzeichen ist eine Düngergabe notwendig. Die stark zehrenden Seerosen sind die einzigen Wasserpflanzen, die regelmäßig nach Plan versorgt werden können, um ihre Vitalität und Blühkraft zu erhalten. Sie bekommen jedes Frühjahr zum Saisonstart im Mai, gegebenenfalls auch noch einmal im Juli, Nährstoffe in Kugeln oder einen speziellen Flüssigdünger.

Nicht zu kurz: Schnitt- und Auslichtungsmaßnahmen

Der Schwerpunkt im Wassergarten anfallender Arbeiten liegt im Auslichten der Gewächse. Es dient der Pflege und Wuchskontrolle des Grüns. Jedes Frühjahr werden die oberirdischen Pflanzenteile in der Röhrichtzone zurückgeschnitten, die den Winter über noch wichtige Funktionen

MEIN RAT

Wenn Sie Pflanzen am trockenen Ufer oder angrenzenden Rasen düngen, müssen Sie unbedingt darauf achten, dass kein Dünger ins Wasser gelangt oder vom nächsten Regen eingespült werden kann!

erfüllten. Der Schnitt von Rohrkolben, Binsen, Gräsern, Schilf & Co. erfolgt mit dem Wiederaustrieb der Pflanzen und verhindert, dass die abgestorbenen Halme im Wasser verrotten und Nährstoffe eintragen. Er muss immer einige Zentimeter über der Wasseroberfläche erfolgen, denn wenn Wasser in die hohlen Halme eindringen kann, faulen die Pflanzen und werden anfällig gegenüber Pilzinfektionen. Das gilt auch für alle anderen Sumpfpflanzen, die man kürzt.

Hier türmt sich zwar mächtig Blattmasse auf, an Blüten ist dazwischen aber nicht mehr zu denken. Die Seerose sollte also geteilt werden (siehe Seiten 116 und 118).

MEIN RAT

Suchen Sie entferntes Pflanzenmaterial nach Tieren ab und lassen Sie es noch einige Zeit am Teichrand liegen, damit weitere Kleintiere zum Wasser zurückkehren können.

Wucherer im Zaum halten

Teichbewohner, die sich stark ausbreiten und Druck auf die Nachbarpflanzen ausüben, werden zurückgenommen, bevor sie übermäßig wuchern. Das ist bei Ausläufer bildenden Gewächsen in Körben relativ einfach. Ausläufer, die zu weit aus ihrem Behälter herauswachsen, um neue Areale zu erobern, schneidet man ab. Im Teichgrund verwurzelte Vertreter werden ausgedünnt, man trennt Teile ab und nimmt sie heraus. Dies ist bei fest verwachsenen Exemplaren recht aufwändig und wird nach Möglichkeit mit dem Ausräumen von Bodenschlick verbunden. In Gefäßen wuchernde Pflanzen nimmt man heraus, teilt sie und setzt sie wieder neu.

Gar nicht oder nur leicht am Grund verwurzelte Schwimm- und Schwimmblattpflanzen, die größere Teile der Oberfläche bedecken als erwünscht, zieht man aus dem Wasser. Ebenso werden zu üppig gewachsene Bestände von Unterwasserpflanzen reduziert.

Seerosen muss man herausnehmen und teilen (siehe Vermehrung), wenn sie sich zu sehr ausbreiten, den Teich arg beschatten oder nach einigen Jahren merklich blühunwillig werden. Sobald sich die Blätter übereinander und über die Wasseroberfläche schieben, die Blüten aber nicht mehr durchkommen (und es nicht an der Standtiefe liegt), ist eine Verjüngung der Pflanze notwendig.

Neben diesen wiederkehrenden Maßnahmen ist ein Schnitt erforderlich, wenn unreife Samenstände an Pflanzen zu entfernen sind, die sich sonst unerwünscht reichlich versamen (z. B. Froschlöffel, Gauklerblume, verschiedene Seggen) oder wenn Pflanzen krank oder von Schädlingen befallen sind.

Manche mögen's warm: Winterschutz

Die meisten Teichpflanzen sind winterhart. Sie speichern ihren Vorrat in Wurzeln, Rhizomen oder speziellen Überwinterungsknospen, ziehen sich auf den Grund zurück oder nehmen das Einfrieren gelassen hin.

Für diese Pflanze ist es im Gefäß reichlich eng geworden. Der Wurzelballen wird geteilt, die Stücke neu gepflanzt.

Einige wenige sind frostempfindlich. Dazu gehören das Hechtkraut *(Pontederia)*, die Goldkeule *(Orontium)*, einige Seerosen, die Wasserähre *(Aponogeton)*, die Houttuynie *(Houttuynia)* und der Amerikanische Molchschwanz *(Saururus cernuus)*, wenn sie in zu flachem Wasser stehen. Dann rückt man sie zum Saisonende einfach in tiefere Gefilde (Wasserstand ab 50 cm), denn dort harren sie sicher aus. Im Sumpf ausgepflanzte, empfindliche Gewächse kann man mit einer dicken Laubschicht schützen.

Nicht winterharte, meist aus den Tropen stammende Wassergartenbesucher würden einen Winter nicht überstehen. Sie müssen aus dem Teich und ins Haus genommen werden und brauchen helle, warme Plätze, an denen sie überdauern können.

Aus eins mach' zwei: die Vermehrung

Viele Sumpf- und Wasserpflanzen sind sehr einfach zu vermehren, entweder durch Teilung über Ausläufer oder auch die Aussaat

Die Teilung

Die Teilung, entweder des Wurzelballens oder Rhizoms, ist die gängigste und unkomplizierteste Vermehrungsmethode. Man praktiziert sie im Grunde regelmäßig, wenn Pflanzen zu üppig wachsen oder nach einigen Jahren verjüngt werden müssen, damit sie wieder zu voller Schönheit kommen.

Horstig wachsende Gräser und Stauden nimmt man aus ihrem Korb oder dem Boden und trennt die Wurzelballen je nach Stärke von Hand, mit einem Messer oder dem Spaten in

MEIN RAT

Im Bodengrund wachsenden Pflanzen kann man auch vor Ort Rhizomstücke abnehmen. In diesem Fall legt man einen Teil des Wurzelstocks frei, schneidet eine Verzweigung oder ein Ende des Rhizoms ab, bedeckt die Schnittstelle wieder mit Substrat und pflanzt den Nachwuchs.

zwei oder mehrere Stücke, die man einzeln wieder pflanzt. Auf diese Weise vermehrt man im Frühjahr und Frühsommer viele Pflanzen der äußeren Teichzonen, unter anderem Sumpf-Dotterblume *(Caltha)*, Wasserdost *(Eupatorium)*, Goldkeule *(Orontium)* oder die Seggen *(Carex)*.

Sauberes Arbeiten ist bei der Rhizomteilung wichtig. Der Wurzelstock wurde herausgenommen und gereinigt. Nun können Teilstücke geschnitten werden.

> **Info**
>
> Hüten sie sich vor der Wasserpest *(Elodea canadensis)*: Wie der Name schon andeutet, entwickelt sich nahezu jedes kleine Triebteilchen zu einer neuen Pflanze. Meiden Sie sie – wie die Pest!

Ein etwa drei Jahre altes Seerosenrhizom hat bewurzelte Seitenverzweigungen (Tochterrhizome) gebildet, die man nun abtrennen und zu neuen Jungpflanzen heranziehen kann. Dazu schneidet man die Verzweigungen mit einem scharfen Messer so ab, dass nur möglichst kleine Schnittstellen entstehen und keine Überstände zurückbleiben. Ist das Mutterrhizom noch vital, kann es selbst auch in bewurzelte Teilstücke mit mindestens einer Knospe geschnitten werden. Die Schnittstellen mit Holzkohlenpulver gegen Fäulnis bestreuen. Jedes Stück erhält einen eigenen Pflanzkorb und wird so gesetzt, dass der Austrieb soeben vom Substrat bedeckt ist. Zunächst stellt man den Nachwuchs in flaches Wasser und versenkt ihn erst mit zunehmendem Wachstum in tiefere Regionen. So können auch Schwertlilie, Sumpfkalla und Hechtkraut vermehrt werden.

Vermehrung über Ausläufer

Zum Beispiel die Krebsschere *(Stratiotes aloides)*, der Wassersalat *(Pistia stratiotes)*, der Tannenwedel *(Hippuris vulgaris)* und die Wassernabel *(Hydrocotyle vulgaris)* verbreiten sich über Ausläufer (Stolonen). Sie bilden bewurzelte, zunächst noch mit der Mutterpflanze verbundene Tochterpflänzchen. Diese kann man einfach abtrennen, was häufiger geschieht, um ihren Wuchs einzudämmen, als um sie zu vermehren, es sei denn, man verschenkt sie. Ein Mangel an Unterwasserpflanzen ist ganz leicht behoben. Wenn sich die entsprechenden Pflanzen entwickelt haben, trennt man 10–15 cm lange Seitenverzweigungen ab, drückt sie in den Boden oder versenkt die Teilstücke an einen Stein gebunden im Teich.

Die Aussaat von Wasserpflanzen

Die Aussaat von Sumpf- und Wasserpflanzen ist eine relativ zeitaufwendige Methode. Sie wird daher insbesondere von professionellen Wassergärtnern betrieben. Hierfür sind die Sumpf-Schwertlilie *(Iris pseudacorus)* und die Sibirische Schwertlilie *(Iris sibirica)* besonders geeignet.

Zunächst muss Samen geerntet werden. Dazu nimmt man im Herbst die trockenen, braunen Fruchtkapseln der Schwertlilien ab, öffnet sie und fängt die Samen in einer Schale auf. Den Winter über kühl und trocken lagern.

Da es Kaltkeimer sind, kommen sie vor der Aussaat für zirka zwei Wochen auf feuchte Watte gebettet in den Kühlschrank. Danach, etwa Anfang Februar, verteilt man die Samen auf Aussaaterde und deckt sie leicht ab. Die Erde wird gut feucht gehalten (Sumpfpflanzen) und die Schale bei Zimmertemperatur ans Fenster gestellt. Bei der Aussaat von Wasserpflanzen müssen die Samen immer leicht mit Wasser bedeckt sein.

Wenn die neuen Pflänzchen einige Zentimeter groß sind, vereinzelt (pikiert) man sie, jedes bekommt einen Topf. Weiterhin sonnig und feucht halten. Sind die Pflanzen kräftig genug, werden sie im Teich ausgepflanzt.

Pflegearbeiten nach Jahreszeiten

Das Schöne an der Wassergartenpflege ist, dass sie sich wunderbar proportional zu den Gemütszuständen des Teichgärtners verhält.

Das Frühjahr

Das Frühjahr beginnt im Wassergarten je nach Witterung schon sehr früh, manchmal bereits Ende Februar, was dem bereits ungeduldig wartenden Teichfreund sehr entgegenkommt. Solange es noch kalt, der Frost aber schon gewichen ist, findet eine **erste Inspektion** statt:

- Im Wasser schwimmende, abgestorbene Pflanzenteile und eventuell verendete Tiere werden entfernt.
- Befestigte Ränder und Stege auf sicheren Stand prüfen, gegebenenfalls richten und lose Platten neu legen. Kleine Holzstege, die regelmäßig einen Schutzanstrich brauchen, erst abmontieren, dann streichen, damit kein Holzschutzmittel ins Wasser gelangt.
- Die Teichränder (Kapillarsperre) nachsehen und falls nötig richten.
- Überlauf oder Bachlauf werden, falls vorhanden, gründlich gesäubert.
- Bei Bedarf kann das Teichwasser getestet werden. Keine unbegründeten (Teil-)Wasserwechsel vornehmen!

Je wärmer es wird, desto mehr Leben erwacht. Ab März ist es an der Zeit, sich um die **Pflanzenpflege** zu kümmern.

- Trockene Rohrkolben, Schilf und andere Gräser, die im Winter den Gasaustausch regelten, werden mit Einsetzen des Neuaustriebs (ab März) zurückgeschnitten. Auch in den übrigen Bereichen von Teich und Ufer dürre und abgestorbene Pflanzenteile regelmäßig entfernen.
- Wenn sich Pflanzen über den Teichrand schieben, ist das optisch wünschenswert. Doch jetzt, im unbelaubten Zustand, kann man gut erkennen, ob Wurzeln oder Erdreich dadurch die Kapillarsperre überbrücken. Dann werden die Gewächse gekappt und der Boden entfernt.
- Pflanzen, die zu groß geworden sind oder denen es in ihrem Korb zu eng geworden ist, auslichten oder teilen.
- Bei Bedarf können jetzt Wasser- und Sumpfpflanzen vermehrt werden.

Bei der Pflege ist auch Improvisation gefragt. Mit Hilfe von Leiter und Brett ist es zum Beispiel möglich, Arbeiten über tiefem Wasser zu verrichten.

- Änderungswünsche in Bezug auf die Pflanzung im (März), April und Mai in Angriff nehmen. Zu dicht stehende Gewächse auseinander setzen, im Vorjahr missglückt empfundene Zusammenstellungen neu ordnen: Pflanzen entfernen, umsetzen, ergänzen. Neu- und Nachpflanzungen am besten im Mai vornehmen.
- Seerosen vor Beginn der Blühsaison düngen, die anderen Pflanzen nur bei Bedarf.
- Frostempfindliche Pflanzen, die ins tiefere Wasser gerückt wurden, wieder an ihren angestammten Platz setzen.
- Je nach Witterung bringt man im April Seerosen und bepflanzte Kübel aus dem Winterquartier ins Freie.
- Erst Mitte Mai dürfen die Exoten wieder nach draußen in den Teich.

Neben den Pflanzen müssen auch die **Fische**, falls vorhanden, im Frühjahr versorgt werden.
- Wenn sie nach der Winterruhe wieder munter auftauchen, wird der Bestand kontrolliert und die Tiere auf Vitalität und ihren Gesundheitszustand hin beobachtet.
- Zunächst nur sehr mäßig anfüttern, es ist noch kühl, die Tiere brauchen nicht viel (frühestens ab 12 °C und nur geben, was gleich gefressen wird).
- Im Haus überwinterte Fische werden erst bei Wassertemperaturen ab zirka 12 °C wieder ins Freie gebracht und dort behutsam ans Teichwasser gewöhnt.
- Neuzugänge erst ab Mai einsetzen, wenn sich das Teichleben stabilisiert hat. Unter Umständen spezielles Wasseraufbereitungsmittel zum Wohl der Tiere zugeben (Fachmann fragen!).

Natürlich gehört es zur Frühjahrspflege, die **Technik** wieder flottzumachen. Außerdem sind erste Routinearbeiten aufzunehmen.
- Filter und Pumpen im März/April reinigen, Funktion überprüfen und wieder installieren.
- Bäche und kleine Wasserspiele nimmt man ebenfalls wieder in Betrieb.
- Auftretende Algen abfischen.
- Die staubartigen Pollen von Nadelbäumen und Birken bilden einen gelben Film auf der Wasseroberfläche, der mit einem feinen Kescher abgenommen werden sollte.
- Filterschwämme von Pumpen und Filtermaterialien in regelmäßigen Abständen kontrollieren und gegebenenfalls reinigen.

Wenn der Teich gerade erst angelegt wurde, sollte er sich zunächst in Ruhe entwickeln können. Es genügt eine kleine **Erstpflege**.
- Regelmäßige Kontrolle vor allem der Ränder und Staubereiche. Wenn der Wasserspiegel deutlich sinkt, sind zu diesem Zeitpunkt meist Kapillarkräfte an abgesackten Kanten oder Folienfalten am Werk.
- Im jungen Teich treten häufig vermehrt Algen auf. Das ist völlig normal, weil sich das natürliche Gleichgewicht noch nicht einpendeln konnte. Deshalb kein Wasser wechseln, kein Algizid verwenden!

Der Sommer

Im Sommer wird es heiß und der Gärtner träge. Er ist froh, dass ihn der Wassergarten nur für ein paar Kontrollgänge und **Routinearbeiten** braucht, ansonsten in voller Schönheit genossen werden möchte.

- Von Zeit zu Zeit sollte man nach Pumpen und Filtern schauen und sie ggf. reinigen.
- Größere Schwankungen des Wasserstands sind jetzt normal. Sinkt er so stark, dass Pflanzen oder Tiere gefährdet sein könnten, wird langsam, eventuell in kleineren Portionen Wasser nachgefüllt.
- Beim Füttern nach den Fischen sehen.
- Das Gedeihen der Pflanzen beobachten. Pflanzen mit echten Mangelsymptomen düngen, kränkelnde Pflanzen auf Ursachen untersuchen, Seerosen regelmäßig auf Schädlinge kontrollieren.

In der **Pflege** fallen nur leichte Arbeiten an.
- Abgestorbene, abgeblühte oder vergilbte Pflanzenteile gelegentlich abschneiden und entfernen.
- Stark wachsende Sumpf- oder Wasserpflanzen zurücknehmen, wenn es zum Konkurrenzdruck kommt.
- Wasserlinsen und Algen entfernen; bei starkem Befall Ursachen suchen und Abhilfe schaffen.
- Gegebenenfalls die Wasserwerte testen. In Hitzeperioden sollte man den Sauerstoffgehalt im Teichwasser besonders im Auge behalten, der vor allem für Fische lebensnotwendig ist. Vorsorglich können ein Oxidator oder ein Teichbelüfter für zusätzlichen Sauerstoffeintrag sorgen. Wasserspiele möglichst auch nachts laufen lassen. Sobald die Fische oberflächennah nach Luft schnappen, muss man sofort für schnelle Hilfe sorgen, zum Beispiel Sauerstofftabletten zusetzen oder eventuell langsam kaltes Wasser zulaufen lassen. Oben genannte, dauerhaft wirkende Maßnahmen einleiten.

Der Herbst

Es herrschen wieder arbeitsfreundlichere Betriebstemperaturen, das ausgedehnte Faulenzen verliert langsam seinen Reiz und angesichts der kommenden Winterpause macht es sogar Spaß, im Herbst noch einmal ordentlich zuzupacken. Arbeit gibt es jetzt genug, vor allem, wenn das Ausräumen von Bodenschlamm ansteht.

Was im Herbst reizvoll ist, das bunt gefärbte Laub, kann allerdings Probleme bereiten. Es sollte deshalb soviel Blattmasse wie möglich vom Wasser entfernt werden.

Die jährlich wiederkehrenden Tätigkeiten können mit der **Pflanzenpflege** beginnen.
- Wuchernde Gewächse, die über Winter nicht stehen bleiben, können ausgelichtet oder geteilt werden.
- Verblühte, vergilbte und abgestorbene Pflanzenteile entfernt man; Blatt- und Blütenstängel von Seerosen sind möglichst dicht am Rhizom abzunehmen (nicht reißen, dabei könnte das Rhizom verletzt werden).
- Haben sich die Unterwasserpflanzen sehr stark ausgebreitet, wird ein Teil herausgenommen.
- Bodenschlamm ausräumen, falls erforderlich.
- (Röhricht-)Pflanzen mit stabilen Halmen und Luftkammern wie Rohrkolben, Schilf, Binsen und Gräser bleiben stehen. Sie sehen im Winter nicht nur gut aus, sondern hohle Stängel und die durch Verwesungswärme lange offen bleibenden, winzigen Luftringe rund um die Pflanzen ermöglichen den wichtigen Gasaustausch. Viele Kleintiere finden im dürren Gestrüpp ein Winterquartier.
- Frostempfindliche Wasserpflanzen in tieferes Wasser rücken (siehe Seite 117).
- Nicht winterharte Sumpf- und Wasserpflanzen aus dem Teich nehmen und frostfrei unterbringen.
- Mini-Wassergärten versorgen, falls nötig (siehe Seite 92).
- Anfallendes Herbstlaub von der Teichoberfläche fischen oder bei größeren Mengen ein Laubfangnetz über die Wasserfläche spannen. Einige Zentimeter Bodenfreiheit belassen, damit Tiere nach wie vor ans oder aus dem Wasser kommen. Öfter mal nachsehen, ob Tiere (Vögel) unbeabsichtigt ins Netz gegangen sind, und es nach Ende des Laubfalls gleich wieder abbauen. Einige Laubhaufen in Teichnähe als Winterquartier anbieten.

Auch an die **Tiere** sollte gedacht werden.
- Überwinterungsquartiere aus Reisig-, Laub-, Steinschüttungen und alten Wurzeln in Teichnähe schaffen. Auf dem Teichgrund locker geschichtete Steinhaufen oder Rohrstücke als Schutz und Unterkunft bereithalten.
- Fische ab 10 °C Wassertemperatur nicht mehr füttern.
- Könnte das Gewässer wegen fehlender Tiefe zu stark einfrieren, müssen die Fische im Haus in einem ausreichend großen Aquarium überwintern.

Der Teichbelüfter, Membranpumpe mit Ausströmerstein (unter Wasser), verbessert die Sauerstoffversorgung.

Im Oktober und November, vor den ersten Frösten, wird auch der übrige Wassergarten **winterfest** gemacht.
- Pumpen abstellen, aus dem Wasser nehmen, gründlich reinigen und in einem mit Wasser gefüllten Gefäß im Keller einlagern.
- Kleine, nicht frostfeste Wasserspiele abbauen.
- Bei frostgefährdeten Wasserleitungen den Zulauf absperren und die Leitung entleeren.
- Filter abbauen, gründlich reinigen und in den trockenen Keller bringen.

Der **Gasaustausch** (Sauerstoffzufuhr, Abzug aufsteigender Faulgase) muss vor allem bei kleinen oder mit Fischen besetzten Teichen sichergestellt sein.
- Um das vollständige Zufrieren der Wasseroberfläche außer mittels Pflanzen zu verhindern, setzt man einen Eisfreihalter über der tiefsten Stelle auf die Wasseroberfläche (verankern!) oder betreibt einen elektrischen Teichheizer.
- Zur besseren Sauerstoffversorgung kann vor dem Zufrieren des Teichs ein Oxidator auf den Teichgrund gestellt oder ein Teichbelüfter eingesetzt werden.

Der Winter

Jetzt brauchen wirklich alle eine Winterpause, der Wassergarten wie auch der Teichfreund. Es genügt vollends, hin und wieder nach dem Rechten zu sehen.
- Die technische Winterschutzausrüstung wird auf ihre Funktionsfähigkeit geprüft.
- Im Haus ist regelmäßig über das Wohlergehen aller pflanzlichen und tierischen Winterpfleglinge und den Wasserstand in den Quartieren zu wachen.
- Schnee auf dem Eis verdunkelt den Teich, was Pflanzen und Tieren dauerhaft mehr schadet als die isolierende Wirkung der Schicht nutzt, deshalb abfegen.
- Ist der Teich mangels Vorkehrungen doch einmal zugefroren, darf das Eis nicht aufgehackt werden! Statt dessen wird mit heißem Wasser in einem Kochtopf ein Loch in die Eisdecke geschmolzen. Einen Eisfreihalter oder einen Teichheizer einsetzen oder einige Zentimeter Wasser ablassen. Die Luftschicht zwischen Eis und Wasser wirkt, wenn auch nur begrenzt, isolierend.

Winter – Ruhe. Wenn vorgesorgt ist, dass die Wasseroberfläche nicht vollständig zufrieren kann, ist alles getan.

Adressen, die Ihnen weiterhelfen

Materialien (Folien, Fertigteiche), Teichtechnik

re-natur GmbH
Charles-Roß-Weg 24
24601 Ruhwinkel
Tel.: 0 43 23/90 10-0
www.re-natur.de

Heissner GmbH
Schlitzer Straße 24
36341 Lauterbach
Tel.: 0 66 41/86-0
www.heissner.de

OASE GmbH
Tecklenburger Straße 161
48477 Hörstel-Riesenbeck
Tel.: 0 18 05/70 07 55
www.oase-livingwater.com

G&F Gartenteiche
Erlenstraße 2
48485 Neuenkirchen
Tel.: 0 59 73/94 77 23
www.teichvertrieb.de

naturaGart GmbH & Co. KG
Riesenbecker Straße 63
49479 Ibbenbüren-Dörenthe
Tel.: 0 54 51/5 93 4-0
www.naturagart.com

Fertigteiche und -bäche, auch in Modulbauweise

Kruk Kunststoffe GmbH
Dieselstraße 10
37235 Hessisch Lichtenau
Tel.: 0 56 02/80 99-0
www.kruk-kunststoffe.de

Wasseranlagen aus glasfaserverstärktem Kunststoff (GFK)

Kirchner Garten & Teich GmbH
Espenschieder Weg 1
65321 Heidenrod
Tel.: 0 67 75/96 98-0
www.kirchner-gartenteich.de

Tondichtungen

Dernbach
(Ton-Mineral-Gemisch)
www.dernoton.de

Menting GmbH & Co. KG
Westricher Straße 62a
46514 Schermbeck
Tel.: 0 28 65/70 32
www.menting.de

Wasserpflanzen

Gartenbau Andreas Ham
Obergangstraße 7
07552 Gera-Langenberg
Tel. u. Fax: 03 65/4 20 20 01

Wasserpflanzenkulturen
Eberhard Schuster
Kladower Weg 6
19089 Crivitz/OT Augustenhof
Tel.: 0 38 63/22 27 05
www.wasserpflanzen-schuster.de

Jörg Petrowsky
Aschauteiche 2
29348 Eschede
Tel.: 0 51 42/8 03
www.seerosensorten.de

Stauden Junge
Matthias Großmann
Seeangerweg 1
31787 Hameln
Tel.: 0 51 51/34 70
www.bluetenblatt.de

Seerosen-Farm
Erhard Oldehoff
Sieglmühle 2
94051 Hauzenberg
Tel.: 0 85 86/16 93
www.seerosen.de

Gesellschaft der Wassergartenfreunde

Mitgliedern (Jahresbeitrag € 30) werden Infos und Angebote wie Vorträge, Besichtigungen, Ausflüge, Beratung und Austausch geboten. Schnuppern unter:

Gärtnerei Theo Germann
Am Rübsamenwühl 22
67346 Speyer
Tel.: 0 62 32/6 304 0
www.wassergarten.de

Literatur

Ursula Barth: Traumhafte Wassergärten, Callwey Verlag, München 2011

Andrea Christmann: Miniteiche und Brunnen, Ulmer Verlag, 3. Auflage, Stuttgart 2011

Wolfram Franke: Der Traum vom eigenen Schwimmteich, BLV Verlag, München 2012

Peter Hagen: Teichbau und Teichtechnik, Ulmer Verlag, 5. Auflage, Stuttgart 2010

Friedrich Kögel, Harald Gebhardt, Mario Ludwig: Tiere im Gartenteich, BLV Verlag, München 2004

Martina Löber: Wassergärten gestalten, Gräfe und Unzer Verlag, München 2011

Walter Schimana: Wasserpflanzen, BLV Verlag, München 2006

Stichwortverzeichnis

*Seitenzahlen mit * verweisen auf Abbildungen*

Alisma plantago-aquatica 85*
Aushub 33, 38

Bachlauf 14, 15, 16
–, anlegen 52
–, modellieren 57, 58
–, Abdichtung 59
–, Bepflanzung 97, 98, 99
–, Einrichtung 60
–, Fertigelemente 55, 56
–, Fließgeschwindigkeit 53
–, Gefälle 54
–, Querschnitt 54
–, Staustufen 58
Beleuchtung 70, 71
Beton 37
Böschungsmatte 105
Brücke 17
Brunnen 22,
Brunnenwasser 50
Butomus umbellatus 85*

Ceratophyllum demersum 85*

Düngung 100, 114

Eichhornia crassipes 23
Einfacher Igelkolben 86*
Eisfreihalter 123
Elektrik 64

Fertigteich 35, 36
Fertigteich einsetzen 48, 49
Fertigteich, Material 36
Feuchtzone 84
Filterarten 74, 75

Filtereinigung 120
Fische 31, 109, 120, 121
Flachwasserzone 82
Folie 34, 35, 55
Folie verlegen 43, 44
–, Farben 35
–, Kautschuk 35
–, PE 34
–, Polyolefin 35
–, PVC 34
–, Steinfolie 35
Folienbach 57
Folienbedarf berechnen 43
Folienteich 38, 39, 40, 41

Gelbrandkäfer 110*
Gemeiner Froschlöffel 85*
Goldkeule 85*

Herzförmiges Hechtkraut 86*
Hippuris vulgaris 85*
Holzsteg 16
Holzterrasse 46
Hottonia palustris 86*
Hufeisen-Azurjungfer 110*

Iris pseudacorus 86*

Kanal 18
Kapillarsperre 45, 61
Kaskade 18, 54
Kinder 24, 25
Köcherfliege 110*
Krebsschere 85*

Laserwasserwaage 42
Lebensbereiche im Teich 80
Leitungswasser 51
Libellen 106*
Licht 70, 71

Mikroorganismen 75
Miniteich 21, 92
–, Einrichtung 92
–, Pflanzen 93
Mummel 29
Muscheln 109

Niedervoltspannung 64
Nuphar lutea 29

Orontium aquaticum 85*
Oxidator 123

Pflanzen einsetzen 103, 104*, 105
Pflanzenkauf 101, 102
Pflanzenpflege 114, 115, 116, 119, 121, 122
Pflanzsubstrat 100
Pistia stratiotes 21
Platzwahl 8
Pontederia lanceolata 86*
Posthornschnecke 110*
Pumpe 22, 61, 64, 65, 69, 75, 123
Pumpenkennlinie 67
Pumpenleistung 67
Pumpenreinigung 120

Quellstein 22

Raues Hornblatt 85
Rechtliche Aspekte 33
Regenwasser 51
Ruderwanze 110

Sagittaria latifolia 85*
Salvinia natans 22
Scheinkalla, Gelbe 83*
Schildkröten 109

Schlauchwaage 42
Schnee 123
Schnittmaßnahmen 115
Schwanenblume 85*
Schwimmfarn 22
Seerosen 88, 89, 91
–, Einkauf 90
–, Pflanzung 105
–, Wassertiefe 90
Sicherheit 25
Skimmer 73
Sparganium emersum 86*
Sprudelstein 68
Staustufe 61
Steilufer 105
Stratiotes alaoides 85*
Sumpf-Schwertlilie 86*
Sumpfbeet 12, 13, 82

Tannenwedel 85*
Teich, Lebensbereiche 80
Teichfilter 72, 73
Teichfolien siehe Folien
Teichform 11, 12, 32, 39
Teichgestaltung 8, 10
Teichgröße 9, 31
Teichgrube 38, 39
Teichinspektion 119
Teichmolch 110
Teichpflanzen 81, 82, 83, 84
Teichprofil 32
Teichtechnik 62 ff., 65
Teichtiefe 31
Teichtiefe messen 40, 41, 42
Tiefwasserzone 81
Tiere am Teich 106, 107, 108
Ton 36, 37
Trittsteine 16

Übergangszone 12
Überlauf 46
Uferbefestigung 46
Uferbepflanzung 94, 95, 96
Uferhöhe bestimmen 42

Umwälzpumpen 75
Universalpumpe 66
Untergrund vorbereiten 43, 44
Unterwasserpflanzen 81
Unterwasserpumpen 65
UV-Klärgerät 73

Veränderliches Pfeilkraut 85*
Versorgungsleitungen 30
Vogeltränke 20

Wandbrunnen 23
Wasserfall 17
Wasser einfüllen 47
Wasser nachfüllen 121
Wasserbecken, formale 10, 11
Wasserfall 54, 61
Wasserfeder 86*
Wasserfilter 72
Wasserfrosch 110*
Wassergarten planen 28, 29, 31
–, Pflanzenpflege 114, 115, 116, 119, 121, 122
–, Pflanzplan 97, 99*
Wasserhyazinthe 22
Wasserlauf, geometrisch 19
Wasserpest 118
Wasserpflanzen vermehren 117, 118
Wasserpflanzen, Biologie 78
Wasserqualität 11
Wasserrinne 18
Wassersalat 21
Wasserspiele 22, 68, 69
Wassertemperatur 51
Wiesenbach 16, 52
Winkel abstecken 40
Winter 116, 122, 123
Wintervorbereitung 122

Bildnachweis

Borstell: Seite 13, 19, 22, 53 l., 53 r., 65, 95, 96, 101
Böswirth & Thinschmidt: Seite 47 l.
Fotolia/Jörg Franzen: Seite 76/77
Fotolia/Ralf Walter: Seite 62/63
Florapress: Seite 26/27, 112/113
GBA/Nichols: Seite 14
Hagen: Seite 90 u.l., 111 u.l.
Heissner: Seite 64, 72, 74
Hoppe: Seite 24
Jarosch: Seite 25
Oase GmbH & Co.KG: Seite 41 r.
Papouschek & Thinschmidt: Seite 102 l.
Petrowsky: Seite 88, 102 r.
Pforr: Seite 9, 79 u., 83, 85 u.l., 85 u.r., 86 u.l., 86 u.r., 87 o.l., 87 o.r., 107, 108 l., 110 o., 110 u.l., 110 u.r., 111 o.l., 111 u.r., 117, 119
Redeleit: Seite 34, 36, 37, 38, 39, 41 l., 44 l., 44 r., 47 r., 46, 49, 50, 51 l., 51 r., 55, 56 l., 56 r., 57, 60 l., 60 r., 104 (alle), 105, 106, 108 r., 114, 116
Reinhard: Seite 2/3, 31, 78, 85 o., 86 o.l., 86 o.r., 87 u.l., 92, 97, 111 o.r., 115
Rogers: Seite 4 l., 5 l., 5 r., 10, 12, 15, 16, 17, 18 l., 18 r., 20, 21, 23, 28, 29, 30, 33, 68, 70, 79 o., 94, 121, 122, 123
Strauß: Seite 1, 6/7, 87 u.r., 89, 90 o.l., 90 o.r., 90 M.l., 90 M.r., 90 u.r.

Grafiken:
Sabine Weber: Seite 99
Alle anderen: Heidi Janiček

Über die Autorin

Bärbel Grothe ist gelernte Landschaftsgärtnerin und Diplom-Ingenieurin der Landespflege. Mit ihrer Ausbildung zur Fachjournalistin entschied sie, sich ihrem Metier schreibend zu widmen. Sie arbeitete mehrere Jahre als Redakteurin bei einer Gartenzeitschrift in Offenburg, um sich dann in Mainz als freie Journalistin selbstständig zu machen. Heute ist sie in Bochum als freie Autorin für verschiedene Buch- und Zeitschriftenverlage tätig, hauptsächlich zu den Themen Gartengestaltung und Wassergarten sowie Gartenreportagen.

Impressum

Bibliografische Information der Deutsche Nationalbibliothek

Die Deutsche Nationalbibliothek verzeichnet diese Publikation in der Deutschen Nationalbibliografie; detaillierte bibliografische Daten sind im Internet über http://dnb.d-nb.de abrufbar.

Völlig überarbeitete Neuausgabe des Titels »Wassergärten« aus der Reihe »Der Praxis-Ratgeber«

 **BLV Buchverlag GmbH & Co. KG**
80797 München

© 2012 BLV Buchverlag GmbH & Co. KG, München

Das Werk einschließlich aller seiner Teile ist urheberrechtlich geschützt. Jede Verwertung außerhalb der engen Grenzen des Urheberrechtsgesetzes ist ohne Zustimmung des Verlags unzulässig und strafbar. Das gilt insbesondere für Vervielfältigungen, Übersetzungen, Mikroverfilmungen und die Einspeicherung und Verarbeitung in elektronischen Systemen.

Umschlaggestaltung: Kochan & Partner, München
Umschlagfotos:
   Vorderseite: Reinhard Tierfoto
   Rückseite: Reinhard

Programmleitung Garten: Dr. Thomas Hagen
Lektorat: Redaktionsbüro Wolfgang Funke, Augsburg
Herstellung: Angelika Tröger
Layoutkonzept Innenteil: Kochan & Partner, München
Layout: Uhl + Massopust GmbH, Aalen

Gedruckt auf chlorfrei gebleichtem Papier

Printed in Germany
ISBN 978-3-8354-0930-9

Hinweis
Das vorliegende Buch wurde sorgfältig erarbeitet. Dennoch erfolgen alle Angaben ohne Gewähr. Weder Autorin noch Verlag können für eventuelle Nachteile oder Schäden, die aus den im Buch vorgestellten Informationen resultieren, eine Haftung übernehmen.

Einfach mehr Freude am Gartenteich

Für klare, schöne Teiche in nur 3 Schritten

1. Schritt: Wasser stabilisieren

Das Grundpflegemittel
- stellt ideale KH, GH und pH-Wert ein
- schafft optimale Bedingungen für alle Teichbewohner
- lässt Fische länger leben

Biologisch sinnvoll! Ökologisch wertvoll! GARANTIE

2. Schritt: Algen bekämpfen

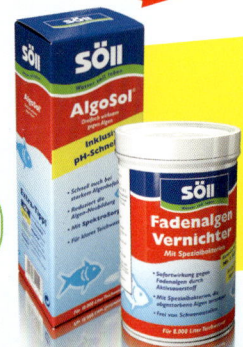

Algen? Nicht mit uns.
- schnelle Hilfe – auch bei starkem oder hartnäckigem Algenbefall
- reduziert die Neubildung
- sorgt für klares Wasser

Kennzeichnung gemäß EU-Richtlinie 98/8/EG: Algizide sicher ver... Vor Gebrauch stets Kennzeichnung und Produktinformationen le...

3. Schritt: Nährstoffe binden

Optimale Algenvorbeugung
- der stärkste Phosphatbinder
- schützt vor Algenplagen
- sparsam in der Anwendung

Genießen auch Sie Ihren Gartenteich mit Söll – der meistgekauften Marke bei Teichpflegeprodukten. Weitere Infos erhalten Sie unter www.soelltec.de